김 대리,
칼퇴하고
앨범내다

김 대리,
칼퇴하고
앨범내다

황형서 지음

구나 할 수 있는 디지털 앨범 발매 Know-how

ork-Life Balance와 자기 PR이 중요해진 요즘, 이색적인 취미를 갖고 싶어 하는 이들이 많아졌습니다

문 음악 지식과 레코딩 장비 없이 디지털 온라인 앨범을 내는 노하우!

책을 통해 작은 해답을 찾아가시기 바랍니다

좋은땅

프롤로그

"야, 너 앨범 냈다며? 어떻게 된 거야 가수야?"

퇴근 무렵, 회사 동기로부터 카카오톡 메시지 하나를 받았습니다. 지방에 있는 친구라 얼굴 보기 무척 힘들었는데 갑작스레 연락을 받으니 기분이 좋더군요. 몇 달 전 디지털 온라인 앨범을 발매했는데 SNS로 소식을 접하고 연락을 준 것이었습니다. 기쁜 마음에 이런저런 이야기를 나누다가 어떻게 앨범을 냈는지 제게 물어 왔습니다. 많은 돈이 드는 건 아닌지, 레코딩 장비를 갖추어야 하는 것인지 하나부터 열까지 궁금증투성이었지요. 그런데 생각해 보니 이런 질문을 한두 번 들어 온 게 아니었습니다.

"집에 레코딩 장비 없어. 앨범 내는 데 큰돈 들이지 않아도 돼."라고 일러 주면 많이들 놀라워 하더군요. 사실대로 말해 주어도 믿지 못하는 눈치였습니다.

실제로 저는 전업 가수도 아니고 이제껏 한 번도 음악 공부를 해 본 적이 없습니다. 전공도 실용 음악과 거리가 멀고, 집에 어린 딸이 있다 보니 녹음 장비는 커녕 마이크도 없지요. 오랫동안 흑인음악을 좋아하며 출퇴근 길에 곡을 쓴 것이 전부인데, 지난 몇 년간 EP 앨범과 싱글 앨범을 냈습니다. 12년차 직장인이지만 취미로 한두 곡씩 음원을 낸 것입니다.

제 경험에 비추어 보았을 때 악보를 전혀 볼 줄 몰라도, 화성학을 전공하지 않았더라도 열정만 있으면 누구나 앨범을 낼 수 있습니다. 목소리만 있으면 누구나 앨범을 기획하고 멜론, 지니뮤직 등에 정식 발매를 할 수 있는 것입니다.

이 책은 누군가에게는 버킷리스트인 앨범 발매를 쉽게 할 수 있도록 녹음 과정에서부터 유통 계약, 발매까지 모든 프로세스를 정리하였습니다. 최근 한국에는 힙합(Hip Hop), 트로트(Trot) 등 여러 장르의 음악 프로그램들이 선풍적인 인기를 끌며 주목받고 있습니다. 일반인도 관심이 있으면 오디션에 나갈 수 있고, 가수가 아니더라도 음악을 취미로 할 수 있는 것입니다.

과거 음악 산업의 중심은 바이닐(Vinyl), 테이프(Tape), CD 등 실물로 만질 수 있는 피지컬 앨범을 내는 것이었습니다. 음반을 제작할 때도 가상 악기를 쓰지 않고, 직접 악기를 연주해서 녹음하거나 스튜디오를 갖춘 기획사를 찾는 경우가 대부분이었습니다.

그러나 디지털 앨범 시장이 활성화된 요즘은 환경이 많이 바뀌었습니다. 홈 레코딩(Home recording) 장비가 대중화되면서 누구나 저렴한 비용에 녹음 시설을 이용할 수 있게 되었습니다. 작곡가, 엔지니어 섭외도 쉬워졌으며 앨범 제작 순서와 유의사항만 알고 있으면 누구나 음원을 낼 수 있는 시대가 도래한 것입니다.

이 책을 읽어 주길 바라는 대상은 크게 다음과 같습니다.

첫째, 노래에 관심이 있으며 본인만의 앨범 발매를 원하는 일반인

둘째, 버스킹, 공연 경험은 있지만 아직 앨범 발매 경험이 없는 가수

워크라이프밸런스(Work-Life Balance)와 자기 PR이 중요해진 요즘, 퇴근

후 이색적인 취미를 갖고자 하는 직장인들이 많아졌습니다. 전문적인 지식이 없더라도 학생, 직장인, 그리고 모든 일반인이 디지털 온라인 앨범을 낼 수 있게끔 해 주고 싶었습니다.

한편, 음악 활동을 하고 있지만 아직 앨범 발매 경험이 없는 가수인 경우, 절차와 방법을 몰라서 하지 못한 경우가 대다수입니다. 이런 분들을 위해 디지털 온라인 앨범 발매 과정 중, 모르는 부분만을 발췌해서 보더라도 무리가 없게끔 목차를 세분화하였습니다. 마이크와 레코딩 장비 없이 누구나 앨범을 내는 노하우, 아무쪼록 이 책을 통해 해답을 찾아가시기 바랍니다.

목차

프롤로그   4

I

선행되어야 하는 몇 가지

1. 돈을 벌기 위해 음악을 하는가, 취미로 하는가?   13
2. 본인의 목소리 톤을 확인해 보라   14
3. 카피 곡(copy)을 해 본다는 것은?   17
4. 초심자는 단체곡도 괜찮다   19
5. 정식으로 음원 유통을 할 것인가?   20
6. 앨범 형태와 성격을 어떻게 가져갈 것인가?   21
7. 앨범 발매에 드는 예산을 검토하라   23

II

주제 선정

1. 떠오르는 악상을 정리해 두는 법   28
2. 유치한 노래 주제는 없다   30

III

작곡 의뢰

1. 無에서 有 만들기, 작곡자에게 곡 의뢰하는 법   37
2. 기존에 작곡한 곡 구매: 음원 발매가 가능한 곡 받기   45

IV 가사 쓰기

1. 곡의 구성(Song form)을 이해하라 · 52

2. 기존의 곡을 개사해 보라 · 58

3. 나만의 스타일로 쓰고 진부함을 피하라 · 59

4. 기보법을 이해하고 음역에 맞춰 써라 · 61

5. 좋은 표현을 메모하고 수시로 써 보라 · 62

6. 가사를 쓰기 위한 다섯 가지 비밀 무기 · 63

V 녹음하기

1. 데모(demo) 녹음을 하는 세 가지 방법 · 75

2. 목소리로 보는 시험, 본 녹음 · 84

※ 인터뷰 1. "비트 마켓에서 곡을 구매할 때 이 점에 꼭 유의하세요." · 95

VI 믹싱과 마스터링

1. 믹싱을 의뢰할 때 무엇에 유의해야 할까? · 101

2. 고품질로 녹음된 트랙들을 선별하라 · 102

3. 내 수준에 맞는 엔지니어 찾기 · 104

4. 기본적인 믹싱 스킬 정도는 알고 소통하자 · 108

5. 엔지니어에게 보낼 피드백은 '짧고 명확하게' · 109

6. 마스터링에서 이것만큼은 꼭 확인하자 · 112

VII 앨범 커버 아트워크

1. 규격에 맞추어 제작하라   120

2. 오픈마켓과 재능 거래 플랫폼을 활용하라   120

3. 직접 제작하는 것이 오히려 나을 수 있다   121

4. 앞으로의 홍보 활동과 연계시켜라   124

VIII 뮤직비디오 제작

1. 뮤직비디오 제작은 어떻게 할까?   126

2. 영상물 등급 심의 및 콘텐츠의 활용   132

IX 음원 유통 계약

1. 어떤 음원 유통사를 선택해야 하나?   138

2. 음원 유통 준비와 계약 절차   141

3. 음원 수익 정산은 어떻게?   146

X 홍보 및 사후관리

1. '최신 앨범' 메뉴에 내 앨범 노출시키기   151

2. SNS는 가장 기본적인 홍보 수단   152

3. 웹 커뮤니티와 뮤지션리그, 소규모 기획 공연   156

4. 컴피티션 및 각종 지원 사업 프로그램 참가   163

5. 아티스트의 커리어 관리   165

6. 음악 저작권과 저작인접권 관리   171

※ 인터뷰 2. "믹싱, 마스터링 하실 때 이런 것들이 중요해요."   175

[부록] 애니메이션 뮤직비디오 제작기   179

에필로그   184

I

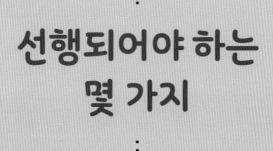

선행되어야 하는
몇 가지

본인이 만든 노래와 앨범 발매, 어떤 분들에게는 참 두근거리는 일인 것 같습니다. 최근 10년 간 우리나라에도 〈미스터 트롯〉, 〈쇼미더머니〉 등과 같은 트로트(Trot), 힙합(Hip Hop) 열풍이 불며 일반인들도 다양한 음악들을 접하고 도전할 수 있는 계기가 만들어졌습니다.

과거에는 음반 내는 일이 유명 가수의 일로 치부되었지만, 이제는 음악을 듣고 만드는 환경이 좋아지면서 일반인도 자신의 목소리를 직접 녹음해 보고 앨범을 낼 수 있는 세상이 되었습니다.

이 책은 어렵게만 느껴지던 음원 녹음을 일반인들도 쉽게 할 수 있게 설명해 드리고, **'나도 앨범을 낼 수 있다.'**라는 자신감을 심어 드리는 데 목적이 있습니다. 아마도 책을 덮을 무렵이면 '아 이런 것이었어? 한 번 해 볼 만한데?' 하는 용기를 가지실 수 있을 것이라 확신합니다.

아래 그림과 같이 주제 선정에서부터 작곡 의뢰, 가사 작성과 녹음, 믹싱과 마스터링, 음원 유통사와의 계약, 그리고 발매 과정까지를 모두 담았습니다. 또한, 최대한 홈 스튜디오나 녹음 장비를 구비하지 않고, 앨범을 낼 수 있게 도와드리는 것이 목적이므로 그 부분에 초점을 맞추었습니다.

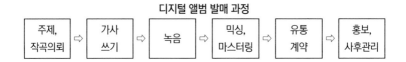

디지털 앨범 발매 과정

주제, 작곡의뢰	⇨	가사 쓰기	⇨	녹음	⇨	믹싱, 마스터링	⇨	유통 계약	⇨	홍보, 사후관리

그런데 본격적인 과정을 논하기 앞서 짚고 넘어가야 할 부분들이 있습니다.

'핵심적인 내용만 전달하면 되지, 왜 이런걸 언급하는 걸까?' 하며 의아해하실 수도 있습니다. 하지만 전문 가수가 꿈이든, 취미로 음악을 하는 사람이든 선행되어야 할 중요한 사항들이 있습니다.

사실 음반 발매 프로세스보다 아래 내용들을 숙지하는 게 어떤 의미에서 더 중요할지도 모릅니다. 어찌 보면 당연한 조언들일지 모르나 그동안 제가 직, 간접적으로 겪어 온 시행착오를 겪지 않길 바라며, 선행되어야 할 Tip들을 남깁니다.

1. 돈을 벌기 위해 음악을 하는가, 취미로 하는가?

'나는 왜 음악을 만들려고 하는가?'

이는 굉장히 본질적인 질문입니다. 생업이든 취미든 노래를 좋아하는 건 똑같습니다. 그런데, 음악을 업으로 삼는 가수라면 밥벌이와 직결되므로 신중을 기해야 할 것입니다. 그도 그럴 것이 여러분이 만든 노래 하나하나가 커리어로 남기 때문입니다. 이 글을 쓰는 저도 오랫동안 흑인음악을 좋아했지만, **과연 음악을 업으로 삼아 살아갈 수 있을까?**'의 질문은 수시로 던졌던 것 같습니다.

누구라도 '자네는 목소리가 좋아. 이 분야에 천부적 재능이 있군?' 같은 칭찬을 들으면, 어깨가 으쓱해지기 마련입니다. 경제 활동을 하지 않는 청소년이면 더욱 그럴 것이며, 평생의 진로가 음악으로 결정될 수도 있는 중요한 사항입니다.

그런데 생업과 무관하며 단순히 취미로 하는 것이라면, 상황은 좀 달라질 수 있습니다. '난 노래 만드는 건 취미이고, 이것으로 생활의 주 수입원을 만들 생각은 없어.'가 속마음이라면 좀 더 편하게 음악을 할 수도 있습니다. 전업 가수를 목표로 삼을 수도 있지만, 관점을 한 번쯤 전환할 수 있다는 것입니다. 현재 하는 일과 별개로 음악을 하더라도, 의지만 있으면 충분히 정규 음원을 발매할 수 있습니다.

또 한 가지 생각해 볼 점은, 일하듯이 공장처럼 음악을 찍어 내면 좋은 곡이 탄생할 수 있을까 하는 점입니다. 어떤 분야에 긴 시간 공을 들여 좋은 결과물을 만들어 낼 수도 있지만, 창의력을 요하는 음악에 있어서 만큼은 이 말이 꼭 정답은 아닙니다.

TV 음악 프로그램들을 보다 보면 가수가 노는 것처럼 작업을 하거나, 갑자기 악상이 떠올라 곡을 쓰는 장면들을 볼 수 있습니다. 일부 과장되게 편집된 부분도 있지만, 실제로 작곡가들은 갑작스레 영감을 받아 곡을 쓰는 경우도 있습니다. 따라서 여러분도 '앨범 제작 프로세스만 알면 곧 바로 음원을 낼 거야.' 하는 생각보다, 과정 자체를 즐긴다는 생각으로 접근하시면 한결 수월해지리라 믿습니다.

'좋은 음악이 나올 수 있게 숨 쉴 틈을 주자.'라는 조언은 비단 취미뿐만 아니라, 가수를 꿈꾸는 이들에게도 해당되는 사항임을 꼭 전해 드리고 싶습니다. 내 이름을 걸고 앨범 내는 일이 숙원인 분들에게는 다소 불편한 조언일 수 있지만, '생업을 위해 음악을 할 것인가?' 하는 점은 반드시 짚고 넘어가야 할 부분이므로 신중히 생각해 보시기 바랍니다.

2. 본인의 목소리 톤을 확인해 보라

의외로 우리는 본인 목소리 톤을 잘 모르고 있는 경우가 많습니다. 그도 그럴 것이 노래방이 아니면 마이크를 잡을 일도 별로 없고, 노래를 아무리 좋아한다 한들 정식 반주(MR)에 녹음해 볼 기회가 흔치 않기 때문입니다.

그런데 자신의 음색과 톤을 확인해 보는 것은 매우 중요합니다. 이해를 돕기 위해, 톤이 다른 두 사람이 서로의 노래를 바꾸어 여러분에게 불러 준다고 가정해 보겠습니다. 무언가 색다를 수 있지만 자기 옷을 입지 않은 듯한 느낌을 줄 것입니다.

그렇다면 어떻게 본인 목소리를 확인해 볼 수 있을까요? 굳이 녹음실에 가지 않더라도 확인해 볼 수 있는 방법은 많습니다. 여러분들이 가지고 있는 스마트폰에는 기본 어플 메뉴 중 음성녹음 기능이 있습니다. '아니 뭐야, 반주도 없이 녹음하라고?' 하며 의아해하실 수도 있습니다. 그러나 직접 해 보시면 의외로 음질이 깨끗하고, 본인 목소리를 가늠하기에 이보다 간편한 방법이 없다 느끼실 것입니다.

스마트폰 기본 어플을 통한 녹음

평소의 말투로 인사를 해 본다거나 책을 읽어 봐도 좋습니다. 그런 다음 목소리가 중저음인지 고음인지 확인되면, 시간이 될 때 어떤 가수의 노래를 반주에 맞추어 한 번 더 녹음해 보십시오. 무반주 상태에서 녹음하는 것과 반주에 맞춰 노래 해 보는 것은 호흡, 발성 자체가 다르므로 꼭 해 보셔야 할 일입니다.

그런데 반주(MR)는 어떻게 찾을까요? 이 또한 간단합니다. 평소 좋아하는 가수의 앨범에 수록된 반주곡(instrumental 또는 MR)을 여러 음원 서비스 사이트에서 찾아보시면 됩니다. 정 어렵다면 인터넷 검색창에 특정 가수의 곡 제목과 인스트루멘탈(instrumental[1])로 검색하시면 됩니다. 가장 좋은 방법은 정식 인스트루멘탈(instrumental)을 찾는 것이지만 여의치 않으면, 차선책으로 다른 반주 곡들을 찾으시면 됩니다.

인스트루멘탈, MR 찾기

곡을 찾으셨으면 집에 있는 노트북, PC 등을 이용해 음악을 재생한 다음, 스마트폰으로 녹음을 해 봅니다. 비록 스튜디오에서 녹음한 것은 아니지만, '아… 이 곡을 내 목소리로 불러 보았더니 어색하지 않고 잘 묻는구나….', 또는 '이 곡은 따라하기도 힘들고 리듬, 박자도 잘 못 맞추겠어….' 정도의 느낌은 받으실 수 있을 것입니다.

또한 본인의 목소리를 음악에 일가견 있는 지인에게 들려준 뒤 피드백 받

---

1   인스트루멘탈(instrumental): 보컬이 일체 들어가지 않은 악기 연주 혹은 그 음악

아 보는 것도 좋은 방법입니다. 본인의 목소리와 톤을 알았을 때 나에게 맞는 곡을 준비할 수 있으며, 때에 따라 스타일을 바꾸는 계기가 되기도 합니다.

3. 카피 곡(copy)을 해 본다는 것은?

초보자의 입장에서 어떤 가수의 노래를 그대로 따라 불러 본다는 것은 큰 의미가 있습니다. 외국에는 비틀즈, 퀸 등 세계적으로 유명한 밴드의 곡을 그대로 따라 부르는 커버 밴드(cover band)[2]도 많이 있습니다. 실력이 출중하면 기존 가수 못지 않은 팬덤이 생기기도 하지요. 밴드뿐 아니라 최근에는 한류 열풍이 불면서 아이돌 그룹을 따라하는 커버 댄스 그룹들도 우후죽순 생겨나기 시작했습니다.

그런데 좋아하는 노래를 따라 부른다는 것, 심지어 그 가수의 톤과 발성, 호흡법, 박자 감각 등을 카피해 보는 것은 초심자의 입장에서 한번 해 볼 만한 일입니다. 가수마다 창법과 개성이 모두 다르기 때문에, 아무것도 모르는 백지 상태에서 할 수 있는 가장 쉬운 학습 방법인 것입니다.

---

2   커버 밴드(cover band): 창작곡이 아닌 기존의 유명한 음악을 연주하는 그룹을 지칭하는 용어

Cover band

악보를 볼 줄 모르고, 화성학을 전공하지 않았더라도 누구나 노래를 듣고 따라 부를 수는 있습니다. 저 역시도 동경해 왔던 가수들의 노래를 발음, 박자, 작은 호흡들까지 모조리 따라해 본 적 있습니다. 팝(POP)의 경우 영어 가사를 모르더라도 소리 나는 대로 외워 본 적도 많았지요.

그러다 변성기가 지나 톤이 미성에서 중저음으로 바뀌었습니다. 톤이 바뀌니 같은 곡을 부르더라도 느낌이 달라진다는 것을 깨달았습니다. 제 목소리와 비슷한 가수의 신보가 나오면 100번씩 따라한 노래들도 있었던 것 같습니다. 신기했던 점은 작곡을 할 줄도 모르고 곡의 구성(song form)도 전혀 몰랐지만, 단지 카피를 해 보았다는 이유만으로 박자 타는 법과 호흡, 가사를 쓰는 센스까지 습득되고 있었다는 점입니다.

따라서 여러분도 한 번쯤 자신의 목소리 톤과 비슷한 곡을 골라 따라 불러 보는 것을 추천해 드립니다. 자작곡이 아니라 다른 가수의 곡들을 커버해 보는 것만으로도 많은 도움이 될 것입니다. 그 가수의 모든 것을 답습하라는 것은 절대 아닙니다. 초보자 입장에서 리듬감과 노래에 대한 감을 익히는 데 효과적이기 때문에, 처음 음악을 시작하는 분들에게는 추천해 드리는 바입니다.

4. 초심자는 단체곡도 괜찮다

처음부터 1, 2절(verse), 후렴(chorus, hook)을 모두 갖춘 곡을 작업하기란 무척 힘듭니다. 한 곡 러닝타임이 3~4분인 점을 고려해 볼 때 주제 선정부터 가사 작성, 녹음까지 긴 시간 공을 들여야 합니다. 요즘에는 2분 정도의 곡도 간간히 나오긴 하지만, 3분 정도의 곡을 만들려면 후렴이 있는 2절까지의 곡 구성이 일반적입니다.

혼자서 곡을 만드는 데 두려움이 있다면 솔로 곡을 고집하기보다, 단체 곡에 참여해 보는 것도 좋은 방법입니다. 한 명이 만드는 것보다 두세 명이 함께 작업하면 곡이 풍성해지고, 파트별로 역할을 나눌 수도 있습니다. 각자가 지닌 강점을 최대한 살려 곡의 완성도를 높일 수 있는 것입니다.

또한 가사를 쓸 때도 본인이 맡은 파트만 집중해서 쓰면 되기 때문에 시간이 단축됩니다. 본인이 첫번째 벌스(verse)가 아니라면, 다른 사람의 느낌과 분위기에 맞추어 가사를 수정하거나 약간씩 도움을 받을 수도 있습니다.

그런데 이러한 단체 곡은 팀워크가 맞으면서 하모니를 이뤄야 합니다. 각자의 개성은 존중하되 1 + 1 = 3의 시너지를 낼 수 있게끔 곡을 만드는 것이 관건입니다. 실제 단체 곡을 해 보면 톤이 비슷하거나, 가사의 깊이가 다르거나, 같은 주제 내에서도 지향하는 바가 달라 진척이 더딘 경우도 많습니다. 다시 말해 혼자 만드는 것보다 못한 결과물이 되는 것입니다. 단체 곡으로 어느 정도 곡을 읽을 수 있는 감각을 키우고, 가사 쓰는 방법도 익숙해지면 솔로 곡에 수월하게 도전하실 수 있을 것입니다.

5. 정식으로 음원 유통을 할 것인가?

다섯 번째 조언 드리고 싶은 점은 '나의 곡을 정식으로 유통시킬 것인가?' 하는 부분입니다. 무슨 뚱딴지 같은 소리인가 하실 수도 있지만, 간단히 말씀 드리면 이렇습니다.

'곡을 쓰고 녹음을 마쳤다면, 그제야 50% 진행된 것이다.'

노래하는 사람이 노래만 잘 만들면 되지, 또 무엇이 필요한가 생각하시겠지만, 실제로 음원을 정식 유통시키고 발매하려면 꽤 귀찮고도 중요한 일들이 산적해 있습니다. 뒤에서 상세히 다루겠지만 녹음을 마치면 기본적으로 그 곡을 더욱 빛나게 해 주는 믹싱과 마스터링 작업이 남아 있습니다. 이후에는 대중들이 내 노래를 더욱 찾아 듣게 하고 눈에 띄게끔 포장하는 앨범 커버 작업과 뮤직비디오 촬영까지 고려해 볼 수 있습니다.

뿐만 아니라 정식 음원이면 멜론이나 벅스, 지니뮤직 등에 희망 날짜에 발매될 수 있도록 유통 절차를 밟아야 합니다. 이 모든 일들이 처음이라면 프로필 촬영과 앨범 홍보 글을 쓰는 등 준비할 것이 꽤 있습니다.

사실 정식으로 음원 유통을 하지 않아도 방법은 많이 있습니다. 전 세계 뮤지션들이 애용하는 사운드클라우드(soundcloud)를 쓴다거나, 유튜브(youtube) 등의 오픈 플랫폼을 이용하면 좀 더 쉽게 음악을 홍보하거나 세상에 내놓을 수 있는 것입니다.

사운드클라우드

또한, 정식으로 음원 유통을 하느냐 마느냐의 중요한 잣대가 되는 것은 '음악성'과 '상품성'입니다. 정식으로 음원을 발매하고 유통을 시키는 것은 여러분의 중요한 음악적 커리어가 될 수 있습니다. 하지만 영영 지우고 싶은 흑역사가 될 수도 있다는 점을 명심해 주시고, 위의 여러 경로를 통해 습작을 발표한 뒤 정식으로 유통할 수도 있다는 점을 꼭 알아두셨으면 합니다.

6. 앨범 형태와 성격을 어떻게 가져갈 것인가?

다음은 앨범 형태와 성격을 어떻게 가져갈 것인가에 대한 고민입니다. 여러분이 음원과 앨범을 내는 방법에는 여러 가지가 있습니다. 피지컬 앨범으로 낼지 디지털 앨범 형태로 낼지 선택할 수 있으며, 몇 곡을 수록할지도 결정할 수 있지요.

일반적으로 음원을 내면 온라인 스트리밍과 다운로드로만 들을 수 있는 음원이 있고, CD나 바이닐(Vinyl)[3]같이 부클릿을 보면서 손으로 만질 수 있든 앨범이 있습니다. 전자를 '디지털 음원' 또는 '디지털 온라인 앨범'이라 칭하며, 후자를 '피지컬 앨범'이라 부릅니다.

또한, 앨범 수록 곡에 따라 부르는 명칭이 달라지기도 하는데, 싱글(Single), 맥시 싱글(Maxi-single), EP(Extended Play), 정규 앨범(Full-length album)이 그것입니다. 1곡만 수록된 앨범을 싱글, 2~3곡을 담은 것을 맥시 싱글, 좀 더 확장된 미니앨범의 형태인 EP, 그리고 8~10곡 이상의 곡을 하나의 테마와 스토리로 묶은 앨범을 정규 앨범이라 합니다.

디지털 앨범과 피지컬 앨범

[싱글]
서른여덟
말뚝(MalDDuG)
▶ 서른여덟
2020.06.28 1곡 ♥ 3
▶ 앨범듣기

[싱글]
Vacation
말뚝(MalDDuG), 퀴클리
▶ Vacation
2019.06.28 1곡 ♥ 4
▶ 앨범듣기

[싱글]
흔적
말뚝(MalDDuG), 퀴클리
▶ 흔적
2019.04.12 1곡 ♥ 8
▶ 앨범듣기

[싱글]
2월 22일
말뚝(MalDDuG)
▶ 2월 22일
2017.02.22 1곡 ♥ 10
▶ 앨범듣기

---

3 바이닐(Vinyl): 턴테이블이나 축음기에 트는 레코드판을 의미한다. 국내에서는 LP로 통용된다.

음악 시장 초창기에는 한 디스크에 한 노래 이상을 기록할 수 없었기 때문에, 곡들 하나하나가 따로 팔리는 것이 어찌 보면 당연한 일이었습니다. 싱글이라는 개념이 존재하지 않았지요.

그러나 1900년대 초에 처음으로 여러 곡을 패키지로 담은 앨범이 만들어졌고, 그 이후로 앨범 단위의 판매가 이루어지면서 한 곡씩 따로 파는 싱글 개념이 생겨났습니다. 예전에는 싱글과 맥시 싱글은 한 곡에서 세 곡까지 수록하는 대신 낮은 가격에 판매되었습니다. 그러나 2000년대 중, 후반을 넘어가며 디지털 음원 시장이 강세를 띄기 시작하더니, 이제는 한 곡만 내는 싱글이 대세가 되었지요. 과거에 싱글 컷은 정규 앨범을 내기 전에 선 공개 목적으로 이용되었지만, 요즘에는 정규 앨범의 발표와 관계없이 내기도 합니다.

어떤 가수들은 오랜 기간이 소요되는 정규 앨범을 고집하기보다, 활동 공백을 줄이기 위해 싱글과 EP 앨범을 연달아 발표하며 활동하기도 합니다. 내음악을 좋아해 주는 대중들의 관심이 있어야 가수의 생명력도 유지될 수 있기 때문에, 이것도 하나의 전략이라 볼 수 있는 것입니다.

디지털 앨범과 달리 피지컬 앨범 발매를 선택할 경우, 많은 돈과 정성이 듭니다. 하지만 수요가 적을 때 떠안아야 하는 적자 부담도 감수해야 하는 부분이 있습니다. 그러므로 앨범을 발매하기 전에 어떠한 형태로, 어떤 시점에 발표할지 꼭 생각해 봐야 하겠습니다.

7. 앨범 발매에 드는 예산을 검토하라

끝으로 예산 검토입니다. 앨범을 발매할 때도 어느 정도의 비용이 들지 생각하고 있는 것이 좋습니다. 앞서 앨범 성격과 형태에 따라 디지털이냐 피지컬이냐에 따라 예산이 달라지기 때문에 간략히 산출해 보는 것이 필요합니다. 아래는 디지털 앨범 발매에 드는 비용 예시입니다. 약간씩 차이는 있겠지만 예산을 잡을 때 각 항목을 참고하실 수 있을 것입니다.

디지털 앨범 제작 비용(예시)

구분	비용	필요성	비고
작곡 의뢰	10만 원 이상		직접 작업 시 비용 無
레코딩 스튜디오	5~30만 원		데모(demo) 녹음 시 비용 추가
믹싱	10~30만 원	필수	
마스터링	5~20만 원		직접 작업 시 비용 無
앨범 커버 아트워크	5~20만 원		
뮤직비디오	100만 원 이상	선택	
유통 계약	-	필수	아티스트 : 유통사 수익 분배
홍보	5만 원 이상	선택	굿즈(goods) 제작, 공연 비용 등

위 표에서 살펴본 바와 같이 레코딩 장비가 갖춰져 있지 않은 상태라면, 최소한 음원 녹음 비용과 믹싱, 마스터링 비용 정도는 든다고 생각하셔야 합니다. 사실 홍보와 서브 콘텐츠 제작에 드는 비용은 기타 항목이므로 재량껏 선택할 수 있습니다.

그런데 여러분이 정성 들여 만든 음악을 **'과연 대중들이 어떻게 찾아 듣게 할 것인가?'** 하는 점도 중요하게 생각할 부분입니다. 아무리 음악이 좋다 한들 대형 소속사와 인지도가 있는 아티스트가 아니라면, 대중들이 먼저 찾아 듣는 경우는 거의 없습니다.

어쩌면 음원에만 집중해 야심 차게 준비했지만 아무도 앨범이 나왔는지 모르고 지나갈 수 있는 것입니다. 그러므로 음악을 잘 만드는 건 기본이고, 그 음악을 찾아 듣게 만드는 홍보 비용도 필수적으로 포함시켜야 합니다. 경우에 따라 앨범 발매와 동시에 쇼케이스를 한다거나, 소규모 공연을 몇 차례 진행할 수 있습니다. 따라서 이를 준비하는 비용까지 염두에 두는 것이 좋습니다.

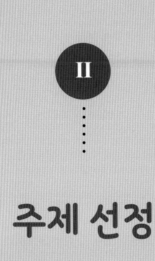

주제 선정

이 책은 여러분이 직접 악기를 연주하거나 장비를 갖추어 작곡하는 것이 아니라, 작곡가에게 곡을 의뢰해서 받는 것에 초점을 맞추었습니다. 일반인 분들 중에는 간혹 앨범 제작을 기획하거나 총괄하는 프로듀서(producer)와 곡을 만드는 작곡가(composer), 비트메이커(beat maker)를 헷갈려 하시는 분들이 많습니다. 작곡가의 주 역할이 곡을 만들거나 편곡하는 일이라면, 음악을 직접 만들지 않아도 앨범의 방향과 기획, 홍보 등을 책임지고 있다면 그 사람은 이미 **총괄 프로듀서(Executive Producer)**인 것입니다.

프로듀서 vs. 작곡가

* 프로듀서
- 음반 기획부터 제작, 홍보, 자금 조달 등을 책임지는 사람을 뜻한다.
- 음악을 직접 만들지 않더라도 앨범 제작 전체를 진두지휘하면서 녹음 지식과 음향 지식까지 겸비하는 경우가 많다.

* 작곡가
- 음악에서 가장 근원적인 반주와 멜로디를 만드는 창작자를 뜻한다.

따라서 이 책에서는 여러분이 총괄 프로듀서로서 주제 선정부터 녹음, 유통 계약, 홍보 등을 모두 진행할 수 있게끔 필요한 부분들을 정리하였습니다. 이번 장에서는 그 첫 번째로 앨범 제작을 위한 주제 선정에 대해 알아보겠습니다.

1. 떠오르는 악상을 정리해 두는 법

앨범을 만들 때 주제 선정, 작곡, 작사는 비슷한 우선순위를 가지고 있습니다. 대부분 주제를 떠올린 뒤 그 주제에 맞게 작곡을 하지만, 거꾸로 작곡을 먼저 한 다음 주제를 정할 수도 있습니다. 작곡가들은 당장 음원 발매를 하지 않아도 그때그때 영감을 받아 곡을 만들어 두는 경우가 많습니다. 여러분들이 앨범 주제를 정해서 작곡자를 찾으면, 그 주제에 맞는 곡들을 찾을 수도 있는 것입니다.

앨범을 만들 때 주제와 테마는 개인적인 내용부터 주변인의 이야기, 생활하며 겪었던 것, 사회적인 메시지, 사랑이야기 등 무궁무진하므로 정하기 나름입니다. 사실 뮤지션이 곡의 주제를 정할 때 '이번에는 이런 곡을 써야지.' 하며 오랜 시간 끙끙하는 일은 드뭅니다. 대부분 일상 생활을 하다가 갑자기 영감이 떠올라 곡을 써 내려가는 경우가 많지요. 소위 '악상이 떠오른다'라는 말이 그런 것입니다.

조성모와 자우림 등 여러 가수들이 리메이크 한 〈가시나무〉라는 곡도 시인과 촌장의 하덕규 님께서 종교적인 영감을 받아 약 10분 만에 쓴 곡으로 유명합니다. 임재범의 〈고해〉, 조수미의 〈나 가거든〉도 30분 남짓 짧은 시간에 완성된 곡이지만 대중들에게 큰 사랑을 받았습니다. 히트곡을 쓰기 위해 오랜 시간을 고민했다기보다, 특별한 영감이 떠올랐을 때 그 영감을 놓치지 않기 위해 노력했다는 점을 알 수 있습니다.

그런데 일반인들이 직장 생활을 하면서 혹은 쳇바퀴처럼 반복되는 생활을 하며, 악상을 떠올린다는 건 참으로 어려운 일입니다. 어린 아이처럼 상상력이 풍부한 것도 아니고 온종일 자기 생활을 하느라 바쁠 테니까요. 한 가지 팁을 드리면, 평소 느낀 감정이나 생각들을 간단히 이미지로 메모해 두는 것입니다. 글과 그림이 섞인 일기도 좋고, 생각에 꼬리를 물 수 있는 마인드 맵(mind map)[4]도 좋습니다.

4　　마인드 맵(Mind map): 영국의 토니 부잔이 주장한 생각 정리법. 핵심 단어를 중심으로 거미줄처럼 사고가 파생되고 확장되어 가는 과정을 그림으로 나타낸 것이다.

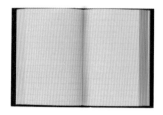 

일기를 쓰면 그때그때 느낀 감정들을 텍스트로 가둬 두는 효과가 있습니다. 글로 쓴 일기보다 그림이 섞인 일기를 쓰면 비주얼라이징이 쉽게 되는 장점도 있지요. 어떤 주제에 연관된 키워드를 가지치기 하며 지도를 그리듯이 줄거리를 정리하는 마인드 맵도 영감을 정리하는 데 큰 도움이 됩니다.

사실 노래 주제를 떠올리거나 악상을 정리할 때 특별한 방법이 있는 것은 아닙니다. 중요한 것은 어떠한 형태이든 자신의 생각과 영감들을 기록해 두는 일입니다.

글을 쓰는 작가들도 일상에서 다양한 글감들을 찾기 위해 늘 기록합니다. 음악을 만드는 것도 마찬가지입니다. 악상이 떠오를 때마다 그 것들을 잘 정리해 두는 것은 일종의 씨앗이 된다는 점을 잊지 마십시오.

2. 유치한 노래 주제는 없다

어떤 주제를 정하느냐에 따라 음원 제작에 쏟는 시간과 가사 쓰는 시간이 달라질 수 있습니다. 그러므로 처음부터 어려운 주제를 택할 필요는 전혀 없습니다. 가사를 보기 전에 귀로 듣는 것이 음악이기 때문에 다소 유치한 주제라도 일단 시작해 보는 게 좋습니다.

처음에는 유치하다 여긴 주제들이 곡을 만들고 가사를 붙이는 동안 첫 느낌과 다른 멋진 곡으로 탄생하는 경우도 있기 때문입니다. 보편적인 주제라도 여러분이 느낀 감정, 가사를 풀어내는 방식, 스타일에 따라 차별화된 곡을 만들어 낼 수 있습니다.

아래는 故 신해철 님의 대표 곡 중 하나인 〈날아라 병아리〉입니다. 어린 시절 자신이 키우던 병아리가 죽었을 때 느낀 감정을 디테일하게 묘사했습니다. 누구나 한 번쯤 겪어 봤음직한 경험을 곡의 주제로 삼은 것입니다. 이처럼 곡의 주제를 떠올릴 때 누구나 공감할 만한 소재를 생각해 보는 것도 좋습니다. 지극히 개인적인 소재라도 보편적으로 공감할 수 있을 만한 포인트가 있으면 주제로 선정할 수 있습니다. 아래 곡의 주제와 가사를 음미하며 꼭 한 번 들어 보시길 추천 드립니다.

故 신해철의 〈날아라 병아리〉

(육교 위의 네모난 상자 속에서
처음 나와 만난 노란 병아리 알리는
처음처럼 다시 조그만 상자 속으로 들어가
우리 집 앞뜰에 묻혔다.
나는, 어린 내 눈에 처음 죽음을 보았던
1974년의 봄을 아직 기억한다)

내가 아주 작을 때 나보다 더 작던 내 친구
내 두 손 위에서 노랠 부르며
작은 방을 가득 채웠지
품에 안으면 따뜻한 그 느낌
작은 심장이 두근두근 느껴졌었어
우리 함께 한 날은 그리 길게 가진 못했지
어느 밤 알리는 많이 아파 힘없이 누워만 있었지
슬픈 눈으로 날갯짓 하더니
새벽 무렵엔 차디차게 식어 있었네
굿바이 알리 이젠 아픔 없는 곳에서

하늘을 날고 있을까
굿바이 얄리 너의 조그만 무덤가엔
올해도 꽃은 피는지
눈물이 마를 무렵 희미하게 알 수 있었지
나 역시 세상에 머무르는 것
영원할 수 없다는 것을
설명할 말을 알 순 없었지만
어린 나에게 죽음을 가르쳐 주었네
굿바이 얄리 이젠 아픔 없는 곳에서
하늘을 날고 있을까
굿바이 얄리 너의 조그만 무덤가엔
올해도 꽃은 피는지
굿바이 얄리 이젠 아픔 없는 곳에서
하늘을 날고 있을까
굿바이 얄리 언젠가 다음 세상에도
내 친구로 태어나 줘

노래 주제와 테마가 선정되었으면 다음으로 작곡 의뢰 단계로 넘어갑니다. 그런데 이 시점에 궁금한 점이 한 가지 생길 것입니다.

'노래 제목은 도대체 언제 붙이는 걸까?'

노래 제목은 가사 쓰기에서도 언급하겠지만, 앨범을 만드는 시작 단계에서 그렇게 급한 부분은 아닙니다. 물론 곡 제목이 노래를 찾아 듣게 만드는 중요한 요소이며, 홍보에도 영향을 주는 것은 맞습니다. 하지만, 가사를 모두 쓴 다음 전달하고자 하는 핵심 메시지를 제목으로 붙일 수도 있습니다.

한편, 곡이 모두 완성된 뒤에도 처음 지어 놓은 제목이 뒤바뀌기도 하기 때문에 크게 서두르지 않아도 될 일입니다. 그보다는 이야기를 풀어 나갈 주제와 내용 구성이 매우 중요합니다. 여러분이 선택한 주제에 본인이 100% 몰입할 수 있을 때 진솔한 가사를 쓸 수 있고, 감정도 실을 수 있습니다.

간혹 주제 선정과 가사마저 다른 사람이 대신 써 주는 경우가 있습니다. 그러나, 본인의 앨범이니 주제 선정과 노랫말만큼은 본인이 직접 쓰도록 해야 하겠습니다. 남의 이야기를 부르면 감정이 실리지 않을뿐더러 내 노래라 하기에 무척 민망하기 때문입니다.

앨범 주제 선정과 관련해 한 가지 사례를 소개해 드리겠습니다. 저는 지난 2017년 2월 제 딸에 대한 이야기를 주제로 첫 디지털 싱글 앨범을 발표했습니다. 딸이 태어난 날이 2월 22일이었으며, 아빠가 된 저로서는 그날이 뜻 깊었기 때문에 그때 느낀 가족의 소중함을 노래에 담고자 했습니다.

발매일은 딸의 첫 번째 생일인 2017년 2월 22일로 정하였습니다. 믹싱과 마스터링을 해 준 엔지니어도 저와 같은 딸 바보 아빠였기에 즐거운 마음으로 작업했던 기억이 납니다. 기억하기 쉬운 날짜였고, 태어난 날과 제목, 앨범 발매일을 모두 같은 날짜에 맞추면서 그날을 기념하였습니다.

싱글 앨범 〈2월 22일〉

지극히 개인적인 주제이나 전반부에는 저와 딸의 이야기, 후반부에는 저와 아버지에 대한 이야기를 담은 노래였기에 만드는 내내 굉장히 행복했습니다. 가사 한 줄을 쓰더라도 진심을 담았고, 앨범 커버에도 신경을 많이 써서 어느 것 하나 소중하지 않은 것이 없었지요. 첫 싱글이었고, 모든 과정이 서툴러 사운드 적인 면과 퀄리티를 놓고 봤을 때 만점을 줄 수준은 아니었습니다. 하지만 매년 2월 22일이 되면 주변 지인들이 생일을 축하해 주었으며, 곡에 대한 피드백을 받았습니다. 그때마다 '이 곡을 하길 잘했구나.' 하며 만족스러워했던 기억이 납니다. 이처럼 노래를 만들 때 본인의 자전적인 이야기를 쓰면, 만들 때나 부를 때 감정이입이 되므로 좀 더 의미 있는 작업이 될 수 있습니다.

곡의 주제나 테마가 반드시 여러분의 이야기여야 한다는 법은 없습니다. 하지만, 본인만이 들려줄 수 있는 소재이거나 내용을 담았을 때 좀 더 몰입이 되고, 대중들에게 특별히 다가갈 수 있음을 기억하시기 바랍니다.

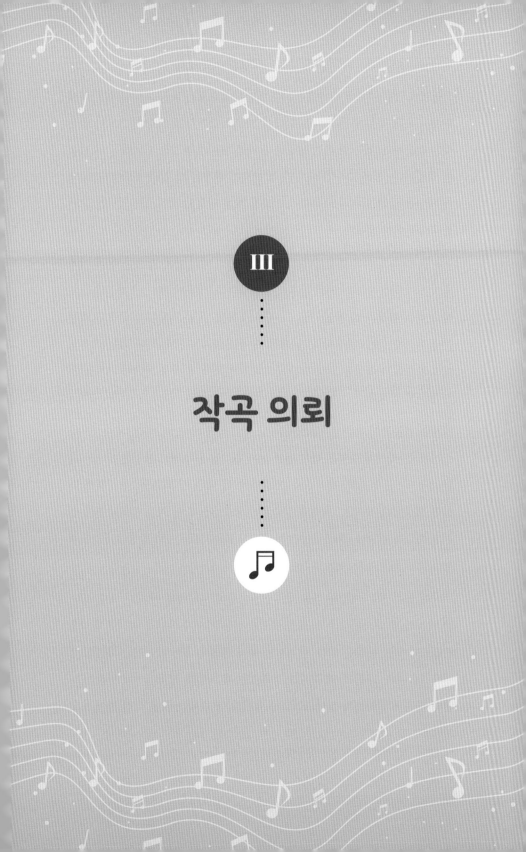

III

작곡 의뢰

앨범에 담을 주제와 테마를 정하였으면 다음으로는 작곡 의뢰입니다. 사실 혼자서 모든 곡을 만들고 녹음과 믹싱, 마스터링까지 해 낸다면 그보다 좋은 것은 없습니다. 하지만 이는 굉장한 음악적 재능과 센스를 겸비했을 때 가능한 일입니다. 전문 가수가 아니면 곡 만드는 과정을 잘 알지 못할뿐더러, 작곡 방법을 알고 있더라도 본인이 소화할 곡을 만들기 위해서는 피나는 노력을 쏟아부어야 합니다.

한편, 작곡 능력이 출중하더라도 만든 곡들이 나와 맞지 않으면, 울며 겨자 먹기로 그 곡을 버려야 하는 상황도 발생합니다. 작곡만 몇십 년 하신 분들도 곡 자체는 굉장히 잘 뽑았지만, 그 곡을 소화해 낼 가수를 찾지 못해 오랫동안 묵혀 두는 일도 많습니다. 단순히 '곡이 본인과 맞지 않는다.'라는 이유로 여러 가수들이 작업을 고사하다가, 의외의 인물이 그 곡을 선택해 히트를 치는 경우도 있지요.

가수 김종국이 부른 〈사랑스러워〉도 대표적인 케이스입니다. 당초 〈사랑스러워〉는 작곡가 주영훈 님이 일본 여자 걸그룹을 주려고 작업해 둔 곡이라 합니다. 슈가, 엄정화, 캔이 모두 거절하여 '이 곡은 안 되는구나….' 하며 버릴까 생각했다 하지요. 그러다 김종국이 솔로 3집에 이 곡을 수록하면서 공전의 히트를 칩니다. 2005년에는 이 곡으로 KBS, MBC, SBS 방송 3사 가요대상을 모두 휩쓸며 트리플 크라운을 달성하기도 합니다.

이와 같이 전문 가수는 물론이고 일반인들이 본인에게 딱 맞는 곡을 얻기란 하늘의 별 따기입니다. 노래를 업으로 삼는 가수가 아니라 취미로 음악을 만들고자 하는 분들을 위해, 여기서는 작곡 방법에 대한 이야기는 과감히 생략하였습니다. 대신 곡의 주제가 정해졌을 때 어떻게 작곡가에게 원하는 느낌의 곡을 의뢰하는지 설명드리고자 합니다. 요즘에는 곡을 직접 들어 보고 조건에 맞게 구매할 수 있는 플랫폼도 많이 갖추어져 있습니다. 따라서 여러 분들이 이러한 곡들을 어떻게 찾는지에 대해서도 상세히 설명드리도록 하겠습니다.

1. 無에서 有 만들기, 작곡자에게 곡 의뢰하는 법

작곡가에게 곡을 의뢰해서 받는 일은 그야말로 무(無)에서 유(有)를 창조해 내는 것입니다. '어떤 곡을 쓰겠다.' 하는 방향이 정해지면 곡을 맡길 작곡가를 찾는 게 급선무인데요. 가장 좋은 방법은 유능한 작곡가와 직접 인연이 닿아 곡을 의뢰하는 것입니다. 그런데 이는 음악을 처음 시작하는 분들에게는 매우 어려운 일입니다. 음악 동호회나 커뮤니티를 통해 작곡가와 인연을 맺은 다음 곡을 받을 수도 있지만, 아무런 연고 없이 받기란 쉽지 않습니다. 오랫동안 인맥을 쌓아 왔다면 모를까 당장은 힘든 것입니다.

그런데 요즘은 인터넷 검색을 통해 작곡가 그룹을 찾고 곡을 의뢰하는 방법이 있습니다. 아래와 같이 다양한 장르의 작곡가들이 모여 설립한 스튜디오를 찾는 것이지요. 그야말로 아무런 연고가 없는 분들에게는 가장 손 쉬운 접근 경로가 되겠습니다.

작곡 의뢰 사이트

　그런데 위 사이트에 무작정 곡을 의뢰하기보다, 준비를 철저히 해서 곡을 만드는 것이 좋습니다. 다시 말해 작곡을 맡긴다는 개념에서 벗어나, '함께 만들어 간다.'라는 생각으로 접근하면 이해가 빠를 것입니다.

　처음에는 작곡에 개입해서 곡을 만든다는 것에 의구심을 가질 수도 있습니다. 악보도 볼 줄 모르고 작곡에 대한 지식이 있는 것도 아니기 때문입니다. 그런데 분명히 말씀드릴 수 있는 점이 있습니다. 여러분이 설령 작곡하는 방법을 모르고, 악보를 볼 줄 모르더라도 이미 반은 '전문가'라는 점입니다.

　자신감을 심어 드리는 말처럼 들리겠지만, **곡을 만드는 데 있어 가장 중요한 것은 바로 '많이 듣는 것'**입니다. 실제로 곡 작업을 하는 작곡가들도 곡을 만드는 시간 못지않게 다양한 음악을 듣고 접하는 데 시간을 할애합니다.

　작곡가뿐만 아니라 전문 가수들도 본인 노래에만 심취해 있는 것이 아니라, 그만큼 많은 음악을 찾아서 듣습니다. 창작을 위한 레퍼런스로 삼기 위한 이유도 있지요. 본인이 좋아하는 음악을 집요하게 파고드는 것이야말로, 작곡을 하지 않았을 뿐이지 평론가 버금가는 귀를 가졌다는 사실을 잊지 마십시오. 어쩌면 이것은 초심자의 입장에서 의식 전환의 문제일 수도 있습니다.

'나는 작곡을 해 본 적이 없어. 그런데 어떻게 음악을 만들지?'라는 인식에서 벗어나는 것이 필요합니다. 실제로 악보 하나를 볼 줄 몰라도 여러 장의 앨범을 내고 성공한 가수들도 많이 있습니다. 비틀즈의 폴 메카트니와 존 레논이 그러했으며, 팝의 황제 마이클잭슨도 악보를 잘 볼 줄 몰랐다고 하지요. 국내에서 성공한 래퍼 도끼나 가수 허각의 경우도 그렇습니다. 모두 악상이나 영감이 떠올랐을 때 즉흥적인 악기 연주와 허밍(humming)으로 멜로디를 기억하고 녹음했던 뮤지션들입니다.

작곡에 대한 편견을 깨뜨린 뮤지션들

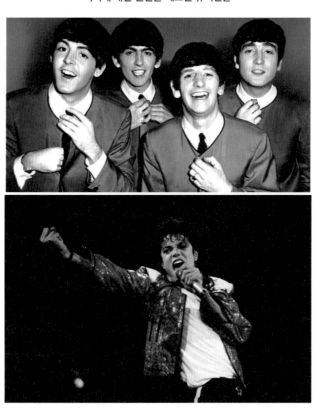

곡을 만들 때 '내가 이 장르에 있어서는 전문가지. 아마 나만큼 이 장르의 음악을 많이 들어 온 사람은 없을 거야.' 같은 뻔뻔하면서도 당찬 포부가 필요합니다. 그리고 이러한 의식 전환 자체가 곡을 만들고, 수정하고, 발매하는 작업까지 나를 이끌게 하는 원동력이 되므로 끝까지 마인드 셋 업 하시기 바랍니다.

의식 전환의 중요성

작곡, 믹싱, 마스터링을 **모르니 앨범을 낼 수 없다**	⇨	작곡, 믹싱, 마스터링을 **몰라도 앨범을 낼 수 있다**

내 노래인데 남에게 작곡을 맡긴다는 것이 꺼림칙하고 자존심 상하는 분들도 있을 것입니다. 그런데 '곡 작업을 혼자 다 해야지.' 하는 생각은 분명 프로의 마인드이며 박수 쳐 줄 일이지만, 곡의 '완성도'와는 별개의 문제입니다. 왜냐하면 우리가 작업해야 할 것은 똑같은 물건을 만드는 것이 아닌, 가장 좋은 소리로 대중의 귀를 즐겁게 해야 할 창작물이기 때문입니다. 본인이 목소리와 노래는 자신이 있는데 작곡은 1도 모르는 문외한이면, 작곡을 잘하는 분께 그 부분을 맡기는 것이 가장 현명합니다.

또한, 곡을 받아서 쓰다가 나중에는 곡 만드는 법을 터득해 뒤늦게 작곡의 세계로 뛰어드는 분들도 있습니다. 경험을 늘려 가며 한 가지씩 본인 만의 노하우를 쌓아 나간 것이지요. 어찌 되었든 지금은 노래 하나에만 집중하는 것이 좋습니다. 내가 부를 수 있는 곡을 찾고, 그 곡을 만들어 줄 사람을 찾는 것이 첫째인 것입니다. 아래는 외부 작곡가에게 곡을 의뢰할 때 준비해야 할 사항들입니다. 시행 착오를 덜기 위해서라도 꼭 체크하고 준비하시기 바랍니다.

① 세부 장르와 주제가 구체적으로 선정되었는가?

너무나 당연한 얘기일 수 있으나 매우 중요한 부분입니다. 우선 장르에 대해 무턱대고 "요즘 유행하는 힙합으로 해 주세요~", "트로트로 해 주세요~"라고 요청하면 받아들이는 작곡가 입장에서는 당황스러울 수밖에 없습니다.

힙합이든 R&B든 일렉트로닉이든 기타 어느 장르이든지 좀 더 구체적인 접근이 필요합니다. 예를 들어 힙합도 크게 붐뱁(Boom Bap)과 트랩(Trap)으로 나뉠 수 있으며, 트로트도 정통 트로트와 세미 트로트로 나뉠 수 있습니다. 세부 장르를 정해도 분위기를 다르게 가져갈 수 있습니다. 곡에 담고자 하는 메시지나 주제에 따라 곡의 뉘앙스와 작곡 방식, 방향성이 전반적으로 달라지기 때문입니다.

뒤에서 설명드리겠지만 같은 장르 내에서도 추구하는 방향에 따라 예전에 쓰던 작곡 방식을 쓸 수도 있고, 최근의 트렌드를 따라갈 수도 있습니다. 최근 트렌드를 따르는 것이 무조건 본인과 잘 맞고 명곡이 되는 것은 아니므로, 전체적인 주제와 뉘앙스를 고려해서 의뢰하는 것이 좋습니다. 때에 따라 작곡가가 나의 목소리 톤을 알 수 있게끔 샘플 파일을 준비해 두는 것도 좋습니다. 곡을 만들 때 이 사람이 그 곡을 소화할 수 있는 톤인지 아닌지가 중요한 가늠자가 되기 때문입니다. 작곡가 입장에서는 여러분의 목소리를 듣고 전혀 다른 방향을 제시할 수도 있습니다. 마치 아래처럼 말이지요.

"곡의 주제와 목소리를 들어 보니 처음 요청 주신 ○○○ 스타일보다는 XXX 장르의 XXX 스타일이 어울릴 듯합니다. 1차로 곡을 스케치 해서 드려 볼까요?"

이는 여러분의 음악을 만드는 작곡가의 입장에서 충분히 할 수 있는 조언입니다. 본인 생각만을 고집할 것이 아니라 소통을 하면서 함께 만들어 가야 할 부분인 것입니다. 작곡가와 조율해 나가는 과정 속에서 곡을 단순히 의뢰한다는 인식은 사라지고, 그 과정에 깊이 관여한다는 느낌을 받으실 수 있을 것입니다. 그런데 생전 처음 마주하는 작곡가와 커뮤니케이션 하기 위해서는 추가적인 준비가 필요합니다. 다음에서 설명드릴 '레퍼런스 곡' 체크가 그것입니다.

② 레퍼런스(reference) 곡을 체크하라

음악을 만들 때 레퍼런스 곡을 찾는 일은 매우 중요합니다. 여러분이 바라는 전반적인 곡의 느낌을 설명할 때, 곡을 좀 더 세련되게 표현해 보고 싶을 때, 또는 믹싱을 할 때도 소통의 매개체가 되기 때문입니다. 예를 들어 "첫 도입부에 피아노를 넣어 주시고요. 여기에 쓰이는 드럼은 좀 더 어두운 느낌으로 바꿔 주세요."라고 설명하면 받아들이는 입장에서는 모호할 수밖에 없습니다. 그런데 여러분의 의사를 반영하고 있는 비슷한 곡이 있다면, 설명해 주기도 쉽고, 곡을 만드는 작곡가 입장에서도 한결 이해하기 쉬울 것입니다. 아래 예시를 살펴보기 바랍니다.

> **(기존)** "도입부에 피아노를 넣어 주시고요. 여기에 쓰이는 드럼은 좀 더 어두운 느낌으로 바꿔 주세요."
> **(변경)** "도입부에서는 ○○○ 곡에 쓰인 □□ 피아노와 같이 넣어 주시고요. 드럼 스네어는 ◇◇◇ 곡을 참조해 지금보다 더 둔탁한 질감으로 바꾸어 주세요. 만약 피아노 소리와 드럼이 잘 묻지 않으면 전체적으로 XXX 곡 같은 느낌을 참고해 주시면 됩니다."

무(無)에서 유(有)를 만들어 내는 일이다 보니, 작곡가와의 의사소통이 중요하며 여러분의 의사를 전달하는 데 보탬이 될 자료가 있으면 큰 도움이 됩니다. 요리에도 어떤 맛을 내게 하는 레시피가 있고, 그림에도 비슷한 느낌을 내는 화풍이 있듯 음악도 마찬가지입니다.

레퍼런스가 되는 곡을 똑같이 따를 필요는 없지만, 부분적으로는 본인 색깔을 내기 위해 오마주 하거나 참고할 수 있는 것입니다. 또 작업하는 동안 처음에 의도한 바가 50%만 반영될 수도 있고, 전혀 예상치 못하게 200% 멋진 곡이 탄생할 수도 있습니다.

한편, 레퍼런스 곡을 찾고 연구해서 의뢰하는 과정이 반복되다 보면 많은 것을 배우실 수 있을 것입니다. 곡을 만드는 과정에 필요한 화법과 용어들까지 말이지요. 어떤 곡을 만들 때 내 손으로 그 소리를 직접 만들어 내지는 못하지만, 작곡가나 엔지니어를 통해 그 사운드를 만들어 내게는 할 수 있습니다. 그 소리를 내기 위해 어떤 악기를 쓰고, 어떠한 질감으로, 어떻게 표현해 내는구나 하는 '방법론'이 머릿속에 쌓이면 새로운 곡을 만들 때 좀 더 효과적으로 소통할 수 있을 것입니다.

이와 같은 이유 때문에 평소 내가 좋아하는 장르의 노래, 심지어 타 장르의 곡들을 많이 들어 두는 것이 필요합니다. 음악을 구체적으로 뜯어 보고, 듣는 일 자체를 즐기게 된다면 곡을 만들 때도 훨씬 수월해질 것이기 때문입니다. 어떤 곡을 들을 때 내 귀를 즐겁게 했거나, 인상깊게 들은 부분이 있다면 따로 메모를 해 두거나 정리해 두는 것도 방법입니다. 신곡을 만들 때마다 그때그때 기억을 모두 끄집어 낼 수 없으니 어딘가 모아 두면 도움이 되겠지요.

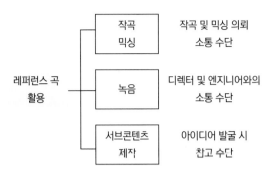

레퍼런스 곡의 활용

레퍼런스 곡 활용
- 작곡 믹싱 — 작곡 및 믹싱 의뢰 소통 수단
- 녹음 — 디렉터 및 엔지니어와의 소통 수단
- 서브콘텐츠 제작 — 아이디어 발굴 시 참고 수단

2. 기존에 작곡한 곡 구매: 음원 발매가 가능한 곡 받기

앞서 첫 번째 방법이 작곡가에게 곡을 의뢰해서 만들어 가는 방법이었다면, 두 번째는 이미 작곡되어 있는 곡을 구매하는 방법입니다. 예전에는 이미 만들어 둔 곡들을 관리하기 무척 힘들었지만, 요즘에는 웹하드 등 저장해 둘 수 있는 공간이 많고 스케치만 해 둔 곡들을 모아두는 경우도 있습니다. 작곡가의 입장에서는 아직 주인을 만나지 못한 곡들인 셈이지요.

어떤 작곡가들은 카테고리별로 적게는 수십 곡에서 많게는 수백 곡까지 가지고 있는 경우도 있습니다. 그러다 자신과 함께 작업할 뮤지션이 나타나면 작업한 곡들을 꺼내 들려주기도 합니다. 본격적인 음원 작업에 들어가면 스케치해 둔 곡들을 다듬거나 편곡을 해서 곡을 완성시키는 것입니다.

요즘은 국내, 해외 가릴 것 없이 자신이 만든 곡들을 음원 판매 사이트와 플랫폼에 올려 두는 이들이 많아졌습니다. 제작사와 소속사가 없어도 능력만 출중하면 이름을 알릴 수 있는 시대이기 때문에, 곡을 판매해서 자신의 커리어를 쌓아 나가는 것입니다. 작곡가에게 직접 비용을 지불하고 살 수도 있지만, 음원 마켓이나 음원 판매 플랫폼을 찾으면 비대면으로도 충분히 구매가 가능합니다. 어떤 사이트는 편곡을 돕기 위해 작곡가와 비트메이커의 연락처를 남겨 놓는 경우도 있으니 참고하시기 바랍니다.

아래는 대표적인 MR 구매 방법입니다. 경로만 다를 뿐 곡을 구매하는 방식은 대부분 비슷하니, 여러분들도 직접 찾아보시기 바랍니다.

① 음원 판매 사이트 및 음원 마켓 플랫폼

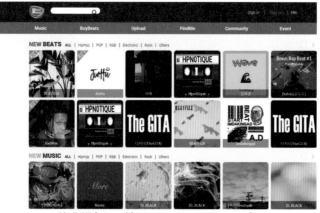

워터멜론(https://www.iamwatermelon.com)

비트스타스(https://www.beatstars.com)

② 유튜브

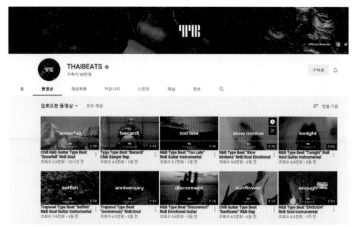

타이비츠(https://www.youtube.com/user/ThaiBeatS1)

믹스테이프서울(https://www.youtube.com/MixtapeSeoul)

　최근에는 힙합, 일렉트로닉, R&B 등 장르를 막론하고 다양한 곡들을 미리 스트리밍해 보면서 구매하는 것이 가능해졌습니다. 그런데 위의 경로를 통해서 구매할 때 가장 신경 써야 할 점이 바로 구매 조건을 꼼꼼히 따져 보는 것입니다. 비용을 지불했다고 해서 무조건 앨범 발매가 가능하거나 상업적으로 쓸 수 있는 것은 아니기 때문입니다. 따라서 비용 지불에 따른 사용 조건이 어떻게 되는지 상세하게 살펴봐야 합니다. 대부분 작곡가의 인지도나 곡의 수준에 따라 책정되는 금액이 달라지며, 인지도 있는 작곡가가 만든 곡일수록 구매 조건이 까다롭습니다. 아래는 음원 판매 사이트와 오픈 마켓 플랫폼에서 제시하는 일반적인 곡 구매 조건입니다.

음원 판매사이트의 MR 구매 조건

Mp3	Wav	Track out	Exclusive
MP3(320Kbps)	WAV(48,000Hz /24Bit)	WAV(48,000Hz /24Bit + Stem file	WAV(48,000Hz /24Bit + Stem file(△)
Stem file(X)	Stem file(X)	WAV Stem file(O)	WAV Stem file(△)
상업적 활용(X)	상업적 활용(O)	상업적 활용(O)	상업적 활용(O)
앨범 발매(X)	앨범 발매(O)	앨범 발매(O)	앨범 발매(O)

- Credit, 저작권 등록 시 작곡 / 편곡 저작권 등록
- Exclusive 옵션 구매 시 독점으로 사용하게 되며, 타인에게 비트 판매 중단
- 상업적 활용 범위: 유튜브, 사운드클라우드, 공연 등

위와 같이 MR을 구매할 때 가장 큰 기준이 되는 것은, **구매한 곡을 상업적으로 사용하느냐 마느냐**입니다. 앨범 발매가 가능하거나 상업적으로 쓸 수 있더라도, 구매자가 편곡을 직접 할 수 있게 트랙 파일까지 모두 받는 경우 좀 더 비싼 값을 치르게 되어 있습니다.

또한, 내가 먼저 곡을 구매하면 다른 사람들이 똑같은 곡으로 음원 발매를 할 수 없도록 조건을 달아 두는 경우도 있습니다. 오로지 본인만 단독으로 쓸 수 있는 것입니다. 이처럼 곡을 살 수 있는 경로가 다양해지다 보니, 요즘에는 여러가지 웃지 못할 헤프닝을 겪는 경우도 종종 있습니다.

가장 대표적인 경우는 섣불리 곡을 샀다가 제대로 써 보지도 못하고 버려지는 경우입니다. 귀로 들을 때는 분명히 좋은 곡이었지만, 본인이 직접 노래를 부르거나 녹음해 보면 어딘지 모르게 어울리지 않는 곡들이 있습니다. 목소리가 잘 묻지 않을 수도 있고, 본인 색깔이나 스타일에 맞지 않아 곡을 못 쓰게 되는 경우지요. 이런 경우 어렵게 구매한 곡을 남에게 넘겨주거나 영영 못쓰고 묵혀 두게 됩니다.

두 번째는 내가 선택한 곡이 이미 다른 사람에게 넘어가 쓰지 못하게 되는 경우입니다. 흔치 않은 상황이지만, 구매 의사를 빨리 결정짓지 못해 남이 먼저 그 곡을 쓰는 경우가 있습니다. 또한, 비슷한 시점에 같은 곡을 구매했으나 다른 사람이 먼저 음원을 발표하는 상황도 있습니다. 단독 발매 협의를 하지 않았으면 암묵적으로 그 곡을 먼저 쓴 사람이 주인이 되는 것입니다. 그렇기 때문에 데모(demo)[5] 형태로라도 연습을 해 보고 확실하게 본인이 소화할 수 있는 곡이면, 단독 발매를 할 수 있도록 협의해 두는 것이 좋습니다. 본인만 그 곡을 쓸 수 있도록 조치해 두는 것입니다.

러닝 타임이 3분 가량인 곡을 생각해 보았을 때, 16마디 정도의 가사만이라도 데모 녹음을 할 수 있으면 일단 해 보는 것이 좋습니다. 가사가 완벽하지 않아도 좋고, 심지어 외계어라도 좋습니다. 우선은 내가 그 곡을 소화할 수 있을지 없을지 가늠해 보는 데 목적이 있기 때문입니다. 본인 목소리에 잘 어울리는지, 평소 생각해 둔 주제와 부합하는지, 곡이 오래되지 않았는지 등을 종합적으로 고려해 본 다음 구매를 결정해도 늦지 않습니다.

---

5   데모(demo): Demonstration(시범, 설명)의 약자. 정식으로 녹음, 믹싱을 거치기 전 단계의 음원

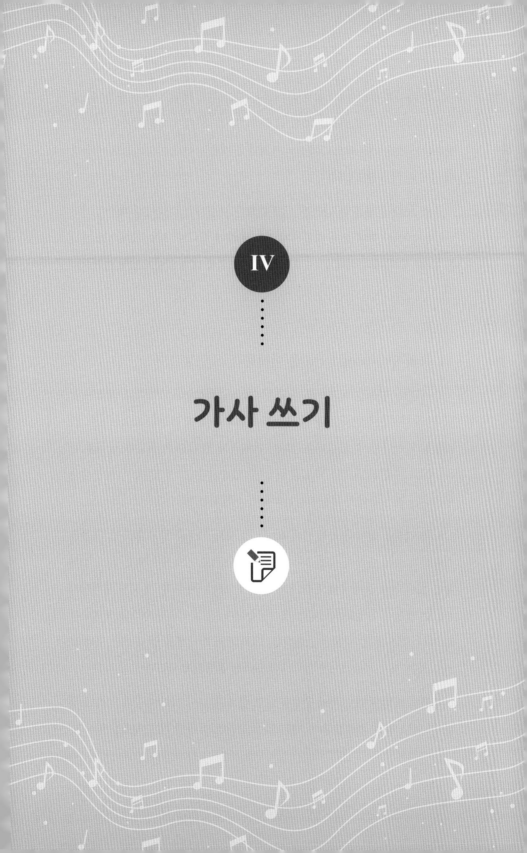

IV

가사 쓰기

노래 가사를 쓴다는 건 참으로 어려운 일입니다. 어떤 노래가 좋다, 안 좋다를 판가름하는 첫 번째 기준이 곡 분위기와 가사이기 때문입니다. 앨범을 만든다는 것은 기본적으로 자신의 생각과 감정을 담아내는 일이므로, 작곡만큼 작사도 매우 중요합니다.

또한, 노래를 부를 때 감정을 싣게 만드는 요소가 노랫말이기 때문에 가사만큼은 본인이 직접 쓰고 대필하지 않도록 해야 합니다. 이번 장에서는 가사를 쓸 때 꼭 알아 두어야 할 사항들과 핵심 스킬에 대해 알아보도록 하겠습니다.

1. 곡의 구성(Song form)을 이해하라

가사를 쓸 때는 기본적으로 곡의 구성(song form)을 파악하고 있어야 합니다. 곡의 기본적인 구성을 알고 있어야 어느 부분에 감정을 고조시킬지, 가라앉힐지 판단할 수 있습니다. 또한, 단체곡의 경우 다른 사람과 상의해 절(verse)과 후렴(hook) 등 파트를 나눌 수 있습니다. 다시 말해, 곡의 구성을 이해하는 것은 음악의 기승전결인 뼈대를 이해하는 일입니다.

노래 연습을 하거나 곡을 카피(copy) 할 때도 구성을 알고 있으면, 흐름을 이해하기 쉽고 습득하기 쉽습니다. 어떤 흐름으로 진행시킬지 큰 틀로 정해 놓은 것이 곡의 구성이며, 우리가 어릴 때 한 도막, 두 도막, 세 도막 형식이라 부르던 것들이 이것을 의미하는 것이었습니다. 사실 이러한 형식을 모르더라도 가사 쓰는 데 큰 지장은 없습니다. 그런데 곡의 구성을 알고 쓰는 것과 모르고 쓰는 것은 시행착오를 얼마나 겪느냐를 결정짓게 됩니다.

작곡을 의뢰할 때도 곡의 구성을 알고 있으면, 나의 입맛에 맞게 곡을 요청할 수 있고 한결 편해집니다. 예를 들어 코러스 앞에 프리 코러스를 넣을지,

브릿지를 넣을지 말지 등을 판단하고 요청할 수 있는 것입니다. 요즘에는 인트로와 코러스 몇 초만 듣고도 그 곡이 좋은지 나쁜지 판단된다고 합니다. 따라서 구성을 어떻게 짜고 만들 것인지도 중요한 포인트라 하겠습니다. 장르에 따라 구성은 천차만별이겠지만, 대중음악에 자주 쓰이는 곡의 구성은 다음과 같습니다.

일반적인 대중음악의 곡 구성(song form)

인트로(Intro) - 벌스1(Verse) - 프리코러스(Pre-Chorus) - 코러스(Chorus) - 인털루드(Interlude) - 벌스2(Verse2) - 프리코러스(Pre-Chorus) - 코러스(Chorus) - 브릿지(Bridge) - 아웃트로(Outro)

위의 구성에 따라 인트로부터 아웃트로까지 하나씩 살펴보도록 하겠습니다.

① 인트로(Intro)

인트로는 곡의 도입부를 말합니다. 노래가 시작되기 전인 전주라고도 하며, 작곡가와 연주자의 의도에 따라 인트로를 넣을 수도 있고 뺄 수도 있습니다. 또한 어떤 분위기로 어떤 악기를 써서 시작 할지도 결정됩니다. 일반적으로 발라드에서는 피아노와 기타로 연주가 시작되고, 밴드나 힙합 음악에서는 드럼이나 베이스를 시작으로 악기 전체가 함께 연주되며 이어지는 경우가 많습니다.

② 벌스(Verse)

벌스는 절이라고도 부르며 멜로디가 나오는 첫 번째 부분인데, 정확히는 곡의 '줄거리' 혹은 '내용'에 해당되는 부분으로 생각하시면 되겠습니다. 대부분 발라드에서는 낮은 멜로디로 많이 사용되며, 벌스의 멜로디 라인은 크게 변경되지 않는 특징이 있습니다.

③ 프리 코러스(Pre-Chorus)

프리코러스는 벌스에서 코러스로 넘어가기 전에 분위기를 조성해 주는 역할을 합니다. 주로 벌스가 끝나고 코러스로 넘어가기 전에 분위기를 고조시켜 주고, 벌스와 확연히 구분되는 새로운 멜로디 라인을 쓰는 경우가 많습니다.

④ 코러스(Chorus)

코러스는 사실상 곡에서 가장 중요한 부분이기도 하며 핵심적인 멜로디입니다. 훅(Hook) 또는 은어로 '싸비'라고도 하며, 작곡가나 여러분들이 전달하고자 하는 메시지가 가장 많이 드러나는 부분입니다. 계속 반복되기 때문에 대중들에게는 가장 귀에 익숙해지는 부분입니다. 이런 이유 때문에 작곡가와 가수 분이 코러스에 신경을 많이 쓰기도 합니다.

⑤ 인털루드(Interlude)

흔히 간주라고도 하며 벌스 1, 코러스가 끝나고 나오는 부분입니다. 쉬어가는 부분으로 여겨질 수 있으나, 곡의 구성과 흐름상 뒤에 이어질 벌스 2와 자연스럽게 이어지게 만드는 것이 관건입니다.

⑥ 벌스2(Verse 2)

2절인데, 작곡가 또는 여러분의 의도에 따라 1절과 똑같은 멜로디로 진행될 수도 있고, 약간 다른 전개로 진행될 수도 있습니다.

⑦ 브릿지(Bridge)

2절 코러스가 끝나고, 마지막으로 코러스를 한 번 더 반복하기 전에 곡의 극적인 분위기 조성을 위해서 나오는 부분입니다. 보통 마지막 코러스에서 작곡가의 메시지가 가장 많이 표현되어야 하기 때문에, 브릿지에서 이러한 극적인 긴장감을 고조시키거나, 기대감을 올려주는 역할을 합니다.

⑧ 아웃트로(Outro)

아웃트로는 곡의 결말, 즉 마무리되는 반주입니다. 노래가 끝나고 나오는 반주를 떠올리시면 이해가 빠를 것입니다.

위 설명만 놓고 보면 조금 생소할 것입니다. 따라서 아래에 여러분이 알 만한 곡을 예시로 들어드리니, 곡의 기본적인 구성을 이해해 보시기 바랍니다. 조금 오래된 곡이지만 많은 분들이 알고 있는 빅마마의 〈체념〉이라는 곡입니다. 모르시는 분들이 있다면 직접 곡을 들으면서 눈여겨보시기 바랍니다.

빅마마의 〈체념〉

VERSE 1-1
행복했어 너와의 시간들
아마도 너는 힘들었겠지
너의 마음을 몰랐던 건 아니야
나도 느꼈었지만

VERSE 1-2
널 보내는 게 널 떠나 보내는 게
아직은 익숙하지가 않아
그렇게밖에 할 수 없던 니가 원망스러워

T.B(transitional bridge)
왜 말 안 했니 아님 못 한거니
조금도 날 생각하지 않았니
좋아한다며 사랑한다며
이렇게 끝낼 거면서 왜 그런 말을 했니

CHORUS
널 미워해야만 하는 거니
아니면 내 탓을 해야만 하는 거니
시간을 돌릴 수만 있다면
다시 예전으로 돌아가고 싶은 마음뿐이야

T.B(transitional bridge)
왜 말 안 했니 아님 못 한거니
조금도 날 생각하지 않았니
좋아한다며 사랑한다며
이렇게 끝낼 거면서 왜 그런 말을 했니

CHORUS
널 미워해야만 하는 거니
아니면 내 탓을 해야만 하는 거니
시간을 돌릴 수만 있다면
다시 예전으로 돌아가고 싶은 마음뿐이야

P.B(Primary bridge)
그래 더 이상 묻지 않을게
내 곁을 떠나고 싶다면
돌아보지 말고 떠나가
눈물은 흘리지 않을게
괜히 마음만 약해지니까
내게서 멀어진 니 모습이
흐릿하게 보여 눈물이 나나 봐

CHORUS 2

널 많이 그리워 할 것 같아

참아야만 하겠지

잊혀질 수 있도록

다신 사랑같은 거 하지 않을래

내 마지막 사랑은 돌아선 너에게 주고 싶어서

OUTRO

행복하길 바래

나보다 좋은 여자 만나기를

실제 곡을 들어 보시면 아시겠지만 구성도 매우 좋고 감탄할 만한 명곡입니다. 이 곡은 특이하게 Verse와 Chorus를 연결해 주는 T.B(transitional bridge)와 Chorus와 Chorus를 이어 주는 P.B(Primary bridge)가 쓰였습니다. T.B는 일반적으로 코러스로 진행하기 위한 도약 과정이라고 보면 되고, P.B는 다음 코러스의 역동적인 진행을 위한 도약 과정이라 보면 됩니다.

영화나 드라마에도 기승전결이 있듯, 음악도 감정을 전달하는 과정이기에 극적인 감동을 위해 짜임새 있는 구성을 할 수 있는 것입니다. 이처럼 곡의 구성에 따라 가사의 흐름이 달라질 수 있고, 좀 더 부각하고 싶거나 강조하고 싶은 부분에 하이라이트를 줄 수도 있습니다.

처음 음악을 시작하시는 분들은 AABA 구조로 곡을 만드는 것이 일반적입니다. AABA 구조란, 2개의 절(A)과 1개의 후렴부(B) 그리고 마지막 1개의 절로 이루어진 곡을 의미하는데요. 음악에는 반드시 정해진 것이 없기 때문에, AABA 구조가 대중음악에 많이 쓰여도 AABB, ABA, ABCBA 등 다채로운 구조를 시도해 볼 수 있습니다.

처음에는 Verse 2개와 Chorus 1개 정도만 있는 구조로 곡을 만들어 보고,

이후 경험치가 쌓이면 P.B나 T.B를 넣는 등 구성을 다각화 해 보시는 것을 추천해 드립니다.

2. 기존의 곡을 개사해 보라

처음부터 좋은 노랫말을 쓰는 사람은 거의 없습니다. 가사도 하나의 시처럼 문학이 될 수 있기 때문에, 과거의 곡들을 살펴보면 감탄사가 나올 만한 명곡들이 많이 있습니다. 가사 쓰기가 어렵거나 어떻게 써야 할지 전혀 감이 잡히지 않는다면 기존에 있는 곡들을 개사해 보며 필력을 키우는 것도 좋은 방법입니다. 너무 익숙한 노래 말고, 평소 잘 듣지 않았던 곡이나 처음 듣는 노래를 개사해 보는 것도 좋습니다. 귀에 익숙한 노래는 들으면 들을수록 자꾸 원래 가사가 떠올라서 개사 자체가 힘들기 때문입니다. 제 경험이나 주변에 음악을 하는 분들의 경험을 살펴보더라도, 필력을 높이는 데는 익숙하지 않은 노래나 처음 듣는 노래를 가지고 개사했던 것이 더 큰 도움이 되었던 것 같습니다.

어찌 보면 처음 곡 만들기에 도전하는 분들께는 개사가 가사 쓰는 힘을 키우는 탁월한 연습 과정입니다. 어떤 주제로 가사를 쓰더라도 연습할 반주곡들은 필요한 법이니까요. 그림을 배울 때도 유명한 화가의 작품들을 본 따 그려 보듯이, 음악을 만들 때도 곡의 구성(song form)을 충분히 이해한 뒤 개사를 하며 연습해 보면 점점 좋은 가사를 쓸 수 있게 됩니다. 즉, 곡의 주제에 맞게 이야기를 이끌어 가는 스토리텔링 능력도 늘게 되고, 같은 내용을 쓰더라도 좀 더 좋은 단어 선택을 하게 되며, 본인만의 가사 쓰는 스킬과 어휘력이 늘어나게 됩니다. 가수 아이유의 〈좋은 날〉, 〈분홍신〉 등을 작사한 유명 작사가 김이나 님도 말씀하셨듯이 초심자에게 있어 개사를 통한 훈련은 분명 아름다운 노랫말을 만드는 데 도움이 됩니다.

또한, 기존 곡의 특징을 살펴보고 이 곡을 부른 가수는 벌스(Verse)와 훅(Chorus) 부분에 어떤 가사를 썼는지 분석해 보는 것도 좋습니다. 일반적으로 곡의 핵심이라 할 수 있는 코러스나 혹은 누구나 쉽게 따라 부를 수 있는 쉬운 가사와 단어를 사용하는 경우가 많기 때문입니다. 또한 1절과 달리 2절의 전개가 어떤 식으로 달라지는지 눈여겨보면 곡을 쓸 때 참고 요소가 됩니다. 그리고 기존 곡을 유심히 살펴보면, 어떤 요소가 노래를 좋게 만드는지 어떤 요소가 노래를 나쁘게 만드는지도 배울 수 있습니다. 기존 노래에서 어떤 이야기를 하고 있는지 살펴보고, 같은 사랑 노래라 하더라도 어떻게 이야기를 풀어 가는지, 리듬감을 살리기 위해서는 어떤 발음과 단어를 선택했는지 등을 세심하게 살펴보는 것이 필요합니다.

3. 나만의 스타일로 쓰고 진부함을 피하라

뮤지션이 본인만의 스타일은 구축하는 것은 외모나 패션에만 국한된 것이 아닙니다. 내 것을 해야 비로소 특별해지는 것이 음악이니까요. 지금은 종영됐지만 유명 오디션 프로그램 중 하나인 〈슈퍼스타 K〉를 기억하시는 분들이 많을 것입니다. 서바이벌 프로그램인지라 중반부 쯤에 접어들면 팀별 미션이 주어지는 '슈퍼 위크'가 있었습니다. 기존 곡들을 새롭게 해석해서 편곡하기도 하고, 어떤 이들은 가사도 본인의 스타일로 바꿔 부름으로써 세간의 주목을 받았습니다. 〈케이팝스타〉나 〈쇼미더머니〉도 마찬가지였지요.

이처럼 가사를 쓸 때 자신만의 독특한 스타일을 만들어 내는 것은 매우 중요합니다. 대중의 귀를 사로잡는 데는 곡 자체도 좋아야 하지만, 그에 못지 않게 가사도 큰 몫을 하기 때문입니다. 누구나 쓸 수 있는 가사는 사람들의 공감을 불러일으키거나, 어깨를 들썩이게 하지 못합니다. 뮤지션에게 있어 개성 있는 가사는 그만큼 중요하고 대중들을 몰입하게 할 요소인 것입니다.

몇몇 이들은 본인 철학에 맞게 특이한 가사를 쓰기도 하고, 몇몇은 처음부터 특정 의도를 갖고 세태를 꼬집는 가사를 쓰기도 합니다. 음악에 있어 기본적인 구성은 있을 수 있지만 자신을 표현하는 데 개성 있는 가사만큼 효과적인 것은 없습니다.

국내 가수 중에도 본인만의 특별한 가사 쓰기 방식을 통해 센세이션을 일으킨 분들이 여럿 있습니다. 대표적으로 '장기하'와 '악동뮤지션'이 있는데요. 이들의 데뷔 곡 중 〈싸구려 커피〉와 〈다리 꼬지마〉는 발매 당시 주제도 특별했지만 아무나 쓸 수 없는 가사와 표현력으로 대중들에게 큰 인상을 남겼습니다.

이 곡들은 발표 당시 노래를 부르는 가수들의 모습도 센세이션을 일으켰지만, 개성 있는 가사로 많은 주목을 받았습니다. 당시 장기하나 악동뮤지선이 아니면 누가 이런 가사를 쓰겠냐는 평도 자주 볼 수 있었지요.

당연한 이야기겠지만, 진부한 표현이 가득한 노래는 대중들이 몰입할 수 없고 본인의 개성을 잃게 만듭니다. 좋은 가사를 쓰는 방법은 여러분이 영감을 얻은 부분에 대해 마치 그림을 그리듯 표현하는 것이 가장 좋습니다.

좋은 가사는 대중에게 무엇을 느끼라고 지시해서가 아니라, 그러한 경험을 참신한 단어들로 담아냈기 때문에 그러한 감정을 느끼게끔 해 줍니다. 듣는 이들에게 무미건조한 말을 건네는 대신, 감정을 느낄 수 있게 어떤 단어를 쓸지 고민해 보는 것이 좋습니다. 위 장기하나 악동뮤지선의 사례에서와 같이 남과는 다른 나만의 독자적인 스타일을 구축한다면 여러분도 세간의 주목을 받을 수 있을 것입니다.

4. 기보법을 이해하고 음역에 맞춰 써라

음악에는 '기보법[6]'이라는 것이 있습니다. 여러분도 언젠가 중학교 과학 시간에 질량 보존의 법칙에 대해 들어 본 적 있을 것입니다. 어느 정도 정해진 틀이 있고 모든 것이 완벽히 파괴될 수는 없다는 이론인데요. 이는 음악에도 일부 적용됩니다.

용어가 생소하지만 기보법이란 음의 길이, 높이, 마디, 리듬 외에도 소리와 침묵을 표현하는 보표 위의 기호들을 말합니다. 구체적으로 세세히 알지는 못하더라도 마디와 운율만큼은 곡의 멜로디와 박자에 가사가 들어 맞을 수 있도록 써 주는 것이 좋습니다. 다시 말해, 가사를 쓸 때도 앞과 뒤에 얼추 들어맞는 음절들을 쓰고, 리듬이 비슷하도록 글자 수도 맞춰야 한다는 뜻입니다. 한 마디 구간에 너무 많은 단어를 욱여넣거나 발음한다면 좀 어색해지겠지요?

어떤 음악의 구간을 물 4컵이 있는 것과 같다고 생각해 보겠습니다. 그중 한 컵의 절반을 다섯 번째 컵에 따를 수 있지만, 이 경우 2개 컵에 물이 반만 차게 됩니다. 첫 번째 컵에는 더 이상 물을 따를 수 없게 되는 것입니다. 마찬가지로 다른 곳에 박자를 추가하지 않고서는 박자를 더 이상 늘릴 수 없습니다. 따라서 가사를 쓸 때에도 일정 길이와 음절을 맞춰 주는 것이 필요합니다.

또한, 가사를 쓸 때는 본인의 음역 범위를 생각하며 쓰는 것이 좋습니다. 모든 사람들이 머라이어 캐리와 같은 음역대를 가지고 있진 않겠지요? 멜로디에 가사를 붙일 때에도 음을 여러분의 음역대에 머물게 하여, 실제 녹음할 때를 생각하며 쓰는 것이 좋습니다.

---

6   기보법(記譜法): 음악을 기록하는 방법. 음의 고저와 장단 등을 표시하는 방법

5. 좋은 표현을 메모하고 수시로 써 보라

가사도 하나의 글이기 때문에 반복적인 훈련 앞에는 장사가 없습니다. 나만의 작사 노트를 준비해 하루에 한두 마디 정도 가사를 적어 보거나, 일상에서 좋은 표현을 발견하면 메모해 놓는 것이 좋습니다.

무언가 적는 게 익숙하지 않을 테지만 꼭 종이로 된 노트에 쓸 필요는 없습니다. 저의 경우에는 스마트폰의 '메모장'이 간편하기 때문에 자주 이용했습니다. 다소 유치한 표현이라 '에이… 이런 걸 적어서 뭐 해.' 하고 망설였던 글귀도 있었습니다. 책을 읽거나 영화를 볼 때 정말 마음에 와닿는 표현이라 생각되어 적어 둔 글도 많았지요.

개인적으로는 가사에 활용한 적은 없지만 박찬욱 감독의 영화 〈올드보이〉를 보고, 주인공 최민식의 대사 몇 마디가 너무나 인상깊어 적어 둔 기억이 납니다.

"웃어라. 모든 사람이 너와 함께 웃을 것이다.

울어라. 너 혼자 울게 될 것이다."

실제 가사로 활용하지는 않더라도 여러 매체, 경로를 통해 얻은 영감과 글귀를 순간순간 메모해 놓고 수시로 보는 것이 중요합니다. 전문 작사가가 아니더라도, 무엇이든 창의적인 작품을 만들거나 기획하는 사람들은 저마다의 노트를 보관해 놓습니다.

괜찮은 작품을 얻기 위해 당장은 내용이 좋지 않더라도 포기하지 않고 써 나가는 것이 좋습니다. 마치 좋은 도자기 하나를 얻기 위해 수십, 수백 번 불량품을 깨뜨리 듯이 스스로 완성됐다고 느낄 때까지 최대한 써 보는 것이 좋습니다.

처음에는 한 단어나 한 음을 쓰는 것만으로도 시작이 될 수 있습니다. 스마트폰에라도 한 구절을 적어 놓았다면, 머지 않아 그 구절이 여러 갈래로 파생되어 다른 구절로 이어질 것이기 때문입니다. 무언가를 적을 때 막연함과 누가 볼지 모른다는 부끄러움 등의 감정에 휩싸여 시작을 못하는 경우가 많습니다. '사람들이 과연 내 가사에 관심을 가질까?' 하는 생각들 때문입니다. 그럴 때는 **최대한 긴장을 풀고 '의식의 흐름'대로 줄줄 써 내려가 보는 것도 좋은 방법**입니다. 즉 머릿속에 떠오르는 모든 생각들을 계속해서 그냥 써 보는 것인데요. 이를 통해 수 많은 아이디어를 포착할 수 있으며, 정말 생각이 떠오르지 않을 때에도 도움이 될 수 있습니다.

평소 다른 아티스트들이 자신의 감정을 어떤 소재로 표현해 내는지를 자주 접해 보는 것도 큰 공부가 됩니다. 개인적으로는 가수 문문(Moon Moon)의 〈비행운〉이나 딘(DEAN)의 〈인스타그램〉이라는 곡을 듣고 곡 자체도 매우 훌륭했지만, 가사가 뛰어나 자극을 받았던 기억이 있습니다. 이처럼 꼭 노래의 형식이 아니더라도 말이 될 수 있으면 일단 이어 나가면서 써 보는 것이 필요합니다. 자신의 감정에 솔직하게 끝까지 써 본 뒤 소리 내어 읽어 보는 과정이 반복되면 한두 마디씩 걸러지는 단어들이 있을 것입니다.

6. 가사를 쓰기 위한 다섯 가지 비밀 무기

노래 가사도 하나의 이야기이므로, 곡에 잘 묻으면서도 듣는 사람들의 기억에 오래 남게끔 쓰는 것이 좋습니다. 노래를 부르는 가수가 이야기를 하는 '화자'이므로, 가사를 쓸 때도 가급적 말하듯이 쓰는 것이 필요하겠지요. 훌륭한 가사를 쓰는 데 왕도가 있는 것은 아니지만, 알아두면 유용한 몇 가지 핵심 스킬들을 남겨 드리니 참고하시기 바랍니다.

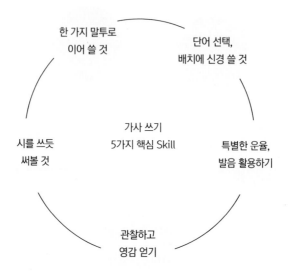

가사 쓰기 다섯 가지 핵심 Skill

한 가지 말투로
이어 쓸 것

단어 선택,
배치에 신경 쓸 것

시를 쓰듯
써볼 것

가사 쓰기
5가지 핵심 Skill

특별한 운율,
발음 활용하기

관찰하고
영감 얻기

① 한 가지 말투로 이어 써라

가사를 쓸 때는 한 가지 어투로 쭉 이어 쓰는 것이 좋습니다. 누군가를 지칭할 때도 '너', '당신'과 같이 반말과 존댓말 두 가지를 혼용해서 섞어 쓰면 몰입에 방해가 될 수 있습니다. 한 곡에서는 일관된 말투로 쓰는 것이 좋고, 처음부터 끝까지 통일된 어조로 쓰는 것이 좋습니다. 영어와 한글을 쓰는 것도 마찬가지입니다. 영어와 한글을 많이 혼용해서 쓰게 되면 의미를 이해하는 데 어려움이 있기 때문에 크게 문제되는 부분이 없으면 한 가지로 통일해서 쓰는 것이 좋습니다.

② 단어 선택과 배치에 신경 써라

가사를 쓸 때 단어 선택과 배열, 배치에 신경 쓰면 입에 달라붙으면서 멋진 노랫말을 만들 수 있습니다. 아래의 가사를 살펴보아 주십시오.

'사랑해서 헤어질 수 있다면, 헤어져도 사랑할 수 있잖아'

다소 오글거리는 가사이지만 꽤 인상적입니다. '사랑'과 '헤어짐'이라는 단어 두 개를 앞 뒤로 바꿔 배열함으로써 연인 간에 느낄 수 있는 이별에 대한 아쉬움을 가사 두 줄에 완성하였습니다. 또한 대비되는 단어를 앞뒤로 배열함으로써 듣는 사람이 뒤에 이어질 가사를 기대하게끔 하는 효과도 있습니다.

아래는 '도치법'을 활용한 가사 쓰기의 예입니다. 일상적인 어투로 가사를 쓸 수도 있지만, 노래 가사는 멜로디와 박자에 맞추면서 리듬을 타야 하는 특성이 있으므로 어느 정도의 '시적 허용'도 요구됩니다.

'미안해 네 말 알아듣지 못해. 네 맘 알아 주지 못해 미안해'

어딘지 모르게 말장난 같아 보이는 가사이지만, 몇 음절의 비슷한 단어를 멜로디에 묻어나게끔 읊조리면 시처럼 보이기도 합니다. 가사를 붙이기 전, 곡 자체에 풍기는 멜로디와 리듬감도 중요하지만, 그 곡에 잘 묻는 가사를 쓰면 더욱 완성도 있고 작품성 있게 만듭니다.

또한, 아래 가사처럼 중의적인 표현을 쓰는 것도 방법입니다.

'나는 아직 덜 익었지만 안 떨어지는 감'

'내게 무한대를 그려 주려 쓰러진 팔자'

이와 같은 가사를 '펀치라인(punchline)[7]'이라고도 하며, 반드시 동음이의

---

7 펀치라인(punchline): 동음이의어를 사용한 중의적 표현을 목적으로 사용하는 가사. 중의적인 의미를 가지고 있는 낱말(예를 들어 영감, 말, 분수, 밤 등)을 사용해서 자기가 표현하고자 하는 구절을 표현해 낸다.

어나 중의적인 표현이 아니더라도 뇌리에 남게 쓰는 것도 요령입니다.

③ 시를 쓰듯 써 보라

시와 노래 가사의 공통점은 몇 마디 정제된 말 속에 전하고자 하는 메시지를 가장 함축적으로 담아낸다는 점입니다. 운율(라임, rhyme)을 맞추는 점도 비슷하고, 스토리텔링을 하며 가장 임팩트 있고 짧은 어구로 멜로디에 어울리는 단어들을 나열해 쓴다는 점에서 시를 쓰는 것과 다름이 없다 하겠습니다.

고대 그리스 시인이었던 시모니데스는 "그림은 말이 없는 시이며, 시는 말하는 그림."이라 표현했는데요. 듣기 좋은 선율에 가장 정제되고 아름다운 가사로 마치 그림을 그리듯 노래를 부른다면 이보다 황홀한 것이 없겠지요. 아래의 곡의 가사를 눈여겨봐 주십시오.

김광석의 〈너에게〉

나의 하늘을 본 적이 있을까
조각 구름과 빛나는 별들이
끝없이 펼쳐 있는
구석진 그 하늘 어디선가
내 노래는 널 부르고 있음을
너는 듣고 있는지

나의 정원을 본 적이 있을까
국화와 장미 예쁜 사루비아가
끝없이 피어 있는
언제든 그 문은 열려 있고
그 향기는 널 부르고 있음을
넌 알고 있는지

나의 어릴 적 내 꿈만큼이나
아름다운 가을 하늘이랑
네가 그것들과 손잡고
고요한 달빛으로 내게 오면
내 여린 마음으로 피워 낸
나의 사랑을 너에게 꺾어 줄게

위 노래는 故 김광석의 〈너에게〉라는 곡입니다. 연인에게 고백하는 모습을 너무나 아름다운 단어들로 표현해 냈습니다. 꼭 가사라기보다 한 편의 시 같지요. 고백을 하는 모습을 마치 그림처럼 묘사한 점이 인상적인데, 시를 쓰듯 노래 가삿말을 쓰는 연습을 자주 반복하다 보면 이처럼 필력이 늘게 됩니다.

또한 이렇게 시를 쓰듯 가사를 쓰기 위해서는 여러가지 노력이 필요한데, 가장 중요한 것은 '관찰'과 '영감'을 얻는 일을 게을리하지 않아야 한다는 점입니다. 관찰과 영감 얻는 일에 대해서는 이어서 설명드리겠습니다.

④ 관찰하고 영감 얻기

관찰과 영감을 얻는 일은 좋은 가사 쓰기의 핵심이라 할 수 있습니다. 모든 글쓰기가 그렇듯 무언가 '할 말'이 있어야 쓸 수 있겠지요. 영상, 책, 경험 등 일상의 여러 매체와 경로를 통해 관찰하고 영감을 얻는 일도 그 '할 말'을 만들어 내는 일련의 과정입니다.

먼저 '관찰'은 어떤 대상이나 사물을 바라보았을 때 느낀 감정들을 글이나 말로 표현해 보는 것입니다. 어제와 똑같이 특별할 것 없는 오늘 하루를 보냈더라도 그 속에서 '영감'을 찾아내는 사람들도 있습니다.

예를 들어 여러분이 출퇴근길에 지하철을 이용한다고 가정해 보겠습니다. 누군가에게는 매일 아침, 저녁으로 타는 평범한 지하철이겠지만, 어떤 이에게는 이 지하철이 훌륭한 노래 소재가 될 수 있습니다. 어느 아침, 붐비는 지하철 풍경을 바라보며 고개를 떨군 채 플랫폼 앞에 서 있는 사람들의 모습이 보입니다. 어떤 이는 이런 지하철 풍경들을 다음과 같이 묘사할 수도 있을 것입니다.

<blockquote>
"우리는 1부터 9번 컨베이어 벨트에 올라탄 일개미들

깊고 어두운 땅굴 속으로 하나둘씩 모여드네"
</blockquote>

다소 유치할 수 있지만 지하철 풍경을 나름대로 해석해 보고 본인만의 단어로 옮기는 과정 속에서 몇 마디의 창의적인 가사가 탄생했습니다. 이러한 과정들을 반복할수록 어휘 선택과 표현력이 더욱 풍부해지는 것입니다.

아래는 가사를 잘 쓰기로 유명한 래퍼 빈지노 님께서 팔로알토 님의 곡에 피처링으로 참여해 쓴 가사의 일부입니다.

팔로알토의 〈가뭄〉(feat. 빈지노)

우주 안에 지구, 지구 안에 한국,
한국의 서울, 그 안에 사는 나,
저 구름의 눈에 난 얼마나 작은가?
또 나보다 작은 뇌로는 이해가 불가능한 만족감,
어떤 이는 쉽게 자만해
그 사람의 포부는 딱 자기 차만 해
그 차 안에 탔던 여자애들이 말하길 행복이란 건
2주마다 하는 파마래
간단하다는 게 나쁘다곤 안 해,
허나 다시 고민해 보자
낮보다는 밤에 과연 내 가슴이 뛰는가
아니면 내가 이 게임에서 지는 건가?
적당히란 말이 입에 묻어 나올 땐
이 바닥의 바닥 아래 내가 묻어갈 때야
나태한 밤을 피해, 이 글을 써 게으른 내 친구들아
내 말을 들어줘

가사 안의 운율(라임, rhyme)도 훌륭하지만, 망원경으로 자기 자신의 모습을 비추어 보듯이 성찰하는 듯한 묘사가 일품인 곡입니다. 실제로 노래를 들어 보면 전달력이 매우 좋은 곡이라는 것을 느끼실 수 있습니다. 또한 어떤 이야기를 하는지 머릿속으로 그려지게끔 랩을 한다는 점도 인상적인데, 짧은 곡이지만 젊은 청년의 고뇌를 느낄 수 있는 곡이기도 합니다.

이 곡뿐만 아니라 빈지노 님의 대표곡 중 〈Aqua man〉을 살펴보면, 그가 비유가 뛰어난 리릭시스트라는 점을 깨달을 수 있습니다. 뛰어난 외모로 남자들을 어장관리 하는 여자를 바라보며, 자신을 그 어장 안의 물고기로 표현한 가사가 인상적인데요. 가사를 들여다보면 어딘지 모르게 위트 있으면서도 그 상황이 머릿속에 그려지기도 합니다. 앞서 두 곡을 통해 그가 표현력과 상상력이 훌륭한 작사가임을 알 수 있는 동시에, 상황을 잘 묘사해 내는 가수임을 알 수 있는 대목입니다.

음악을 하는 분들은 노래 주제와 소재를 찾기 위해 다양한 경로를 통해서 영감을 얻습니다. 가장 대표적인 경우는 여러가지 글을 접하는 것입니다. 가사도 하나의 글이기 때문에 평소 글 읽는 습관을 잘 들여야 쓰는 습관도 생깁니다. 운율이 있는 시도 좋고, 소설책도 좋으며, 하다 못해 만화를 통해서라도 영감을 얻고 사색하는 것이 필요합니다.

영감이 잘 떠오르지 않는데 계속해서 무언가 곡을 쓰거나 연습하고 싶다면 기존의 시, 노래를 가져와 보는 것도 좋은 방법입니다. 예전의 시와 노래들은 그때 당시 훌륭한 아이디어를 가지고 있지만, 다소 현대적 입맛에 맞지 않을 수도 있기 때문입니다. 예를 들어 윤동주 시인 〈별 헤는 밤〉이나 이상의 시인 〈오감도〉를 이용해 서정적인 발라드 곡을 써 보거나 멋진 랩 가사를 써 볼 수도 있지 않을까요?

MBC 〈무한도전〉 '위대한 유산' 中

실제로 MBC 〈무한도전〉 '위대한 유산' 편에서는 여러 힙합 뮤지션들을 초대해 역사적 사실을 토대로 음악을 만들어 재조명해 보는 시간을 가졌습니다. 출연진 중 다이나믹듀오의 래퍼 개코는 〈당신의 밤〉이라는 곡을 통해 파란만장한 역사 속에서 고난의 길을 걸어온 윤동주의 일생을 재조명함으로써 감동을 주었습니다. 피처링을 맡은 보컬 오혁은 윤동주의 시 중 〈별 헤는 밤〉과 〈서시〉를 인용한 가사를 노래함으로써 쓸쓸한 감성을 더했지요. '영감' 얻기의 중요성을 배우고 싶으실 때 한 번쯤 이 곡을 들어 보시길 추천 드립니다. 이처럼 관찰과 영감을 얻기 위한 다양한 방식의 노력은 작사 능력을 향상시킬 수 있는 것은 물론, 좋은 곡을 쓰는 시작점이 될 수 있습니다.

⑤ 특별한 '운율', '발음' 활용과 '숨 쉴 틈' 만들어 주기

노래 가사에는 일반적인 글과 다르게 운율이 있는 경우가 많습니다. 멜로디와 함께 특별한 단어들과 라임을 적절히 배치시키면 묘한 리듬감을 만들어내기도 하지요. 기억하실지 모르겠지만 시를 쓸 때도 학교에서 배운 것보다 훨씬 많은 '운율'을 다는 법들이 존재합니다. 유음, 협화음, 자음은 같으나 모음은 다른 라임, 한 단어를 나누어 넣는 강제 라임, 영어와 한글을 맞추는 라임 등이 그것입니다.

예를 들어, 故 김광석의 〈먼지가 되어〉라는 곡은 다양한 유음과 여러가지 일반적이지 않은 라임들을 활용한 것으로 유명한데요. "젖은 날에는/피어나네요. 공간 속에/눈물만이" 등등 직접 노래를 불러 보며 따라해 보면, 혀나 입에 큰 힘을 들이지 않고 부드럽게 연결 지어 발음할 수 있다는 점을 알 수 있습니다. 특별한 단어들을 나열함으로써 발음하기 쉽고 듣기 좋은 훌륭한 가사를 써낸 것입니다.

또한, 가사를 쓸 때도 앞서 기보법에서도 언급하였듯이 숨 쉴 틈을 만들어 주는 것이 좋습니다. 글에도 쉼표가 있듯이 노래에도 2박에서 4박 정도를 이곳저곳에 넣어 노래를 잠시 멈추고 숨을 쉴 수 있도록 가사를 써야 합니다. 숨 쉴 틈을 만들어 준다는 것은 청취자들이 음악에서 얘기하는 바를 음미하고, 받아들일 수 있는 시간을 준다는 의미이기도 합니다.

가장 좋은 예로 대한민국 사람이라면 누구나 알고 있는 애국가가 있습니다. "무궁화 삼천리 화려강산"이라는 가사 다음에 "대한 사람 대한으로 길이 보전하세"라는 가사가 나오기 전에 쉬는 구절이 있어 잠시 숨을 돌릴 수 있다는 것을 알 수 있습니다. 아주 작은 차이이지만 음절 하나, 발음 하나, 운율과 쉼표 하나하나가 좋은 가사를 만드는 중요한 요소라 하겠습니다.

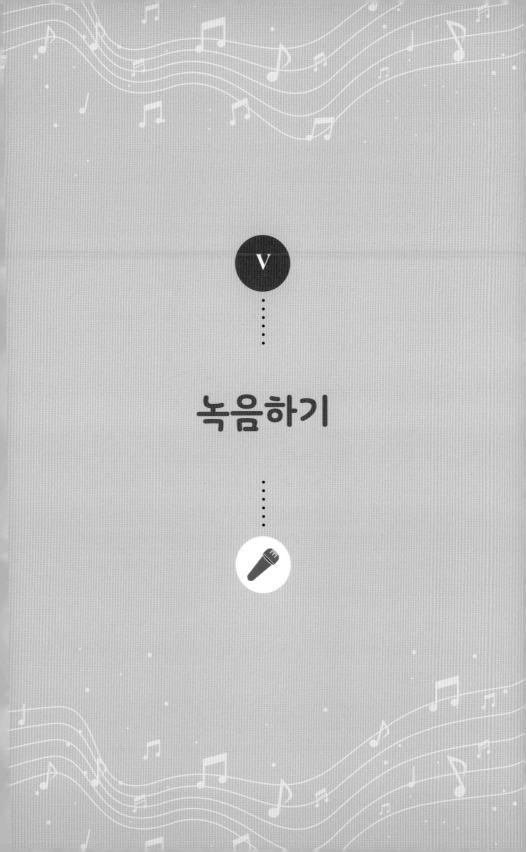

V

녹음하기

여러분이 부를 노래의 곡과 가사가 준비되었다면 다음으로 할 일은 녹음 (recording)입니다. 요즘에는 레코딩 장비가 대중화되어 있고 마이크와 컴퓨터, 오디오 인터페이스만 있으면 어디서든지 녹음할 수 있을 정도로 보편화되었습니다. 하지만 이런 장비들을 다루는 데는 많은 노력과 시간이 필요합니다. 일반인들의 경우 녹음에 대해 막연함과 두려움을 갖는 경우가 많이 있습니다. 마이크 앞에 선다는 것 자체가 생소한 일이고, 녹음을 도와주는 엔지니어와 함께 있으면 더욱 그 환경이 낯설고 긴장되기 마련입니다.

이러한 긴장감과 어색함을 줄여 줄 수 있는 방법은 여러 번의 연습을 거치는 것뿐입니다. 본 시험을 치르기 전에 여러 번 모의고사를 보듯 음원을 녹음하는 데도 철저한 연습과 훈련이 필요합니다. 그렇다면 녹음 장비가 없는데 어떻게 연습과 시뮬레이션을 할 수 있을까요? 정식 녹음과 차이는 있겠지만 **여러분이 할 수 있는 것이 바로 '데모(demo) 녹음'입니다.**

데모(demo)란 Demonstration(시범)의 약자로, 정식 음원 녹음을 들어가기 전에 임시로 해 보는 녹음을 뜻합니다. 가사 노트를 보지 않고도 노래할 수 있을 만큼 철저한 연습을 한 뒤 데모 녹음을 하게 되면, 어느 부분이 어색하고 수정이 필요한지 알게 됩니다. 또한, 전체적인 곡의 구성에서 어느 부분에 임팩트를 주어야 할지, 어떤 부분에서 쉬어야 할지 스스로 느끼게 되는데요. 임시 녹음이라 하더라도 여러분의 노래를 모니터링 해 줄 디렉터가 함께 있으면 큰 도움을 받을 수 있습니다.

이번 장에서는 레코딩 장비를 구축하지 않고도 할 수 있는 데모 녹음 방법과 유의사항에 대해 알아보고, 본 녹음에 들어갔을 때 아셔야 할 팁들에 대해 살펴보겠습니다.

1. 데모(demo) 녹음을 하는 세 가지 방법

혼히 가녹음이라고도 불리는 데모(demo) 녹음 방법에는 여러 가지가 있지만 이 책에 다룰 것은 크게 세 가지입니다. 비용, 난이도, 그리고 녹음의 질적 수준에 따라 스마트폰 음성녹음을 이용한 방법, 곰 녹음기 프로그램과 기본 헤드셋을 이용한 방법, 끝으로 셀프 스튜디오 대여를 통한 녹음으로 나뉩니다. 초보자 입장에서 여러분이 충분히 할 수 있도록 구체적인 노하우와 특징들을 알려 드리니, 숙지하시어 진행해 보시면 되겠습니다.

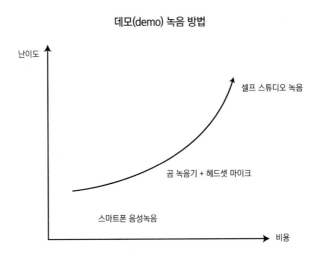

데모(demo) 녹음 방법

① 스마트폰 음성녹음 기능을 이용한 방법

이 방법은 〈목소리 톤을 확인해 보라〉에서 언급하였던 바와 같이, 가장 간편하면서도 비용을 들이지 않고 할 수 있는 방법입니다. 물론 본인 목소리 외에는 어떠한 가상 악기나 이펙터를 쓸 수 없기 때문에 특별한 연출을 할 수 없다는 단점이 있습니다. 하지만, 정말 아무것도 없는 상황에서 할 수 있는 1차원적인 방법이기도 합니다.

사실 스마트폰에 탑재되어 있는 음성 녹음 기능은 데모 녹음이 아니더라도 자주 이용되곤 합니다. 멜로디 라인이나 악상이 떠올라서 가이드를 떠 놓을 때나, 가사에 인용할 수 있는 인상 깊은 구절이 떠올라 급하게 음성으로 남겨 놓아야 할 때도 쓰곤 합니다. 다시 말해, 텍스트가 아닌 목소리로 메모를 해 놓는 셈입니다.

여러분의 핸드폰에는 안드로이드폰, 아이폰 등 기종에 관계없이 '음성녹음' 어플리케이션이 기본적으로 깔려 있습니다. 이러한 기능을 이용하시거나, 무료로 다운로드 할 수 있는 어플을 사용하셔도 무방합니다.

스마트폰 기본 녹음 어플

또한, 기종에 따라 설정에서 음질(고음질: 256kbps, 48㎑, 일반 음질: 128kbps, 44.1㎑, 저음질: 64kbps, 44.1㎑)을 선택할 수도 있고, 텍스트 변환

모드를 지원하기도 하니 필요 시 이런 기능을 활용하실 수 있습니다.

텍스트 변환 모드란 말 그대로 음성을 텍스트로 변환해 휴대폰 화면에 표시해 주는 기능을 뜻합니다. 녹음과 동시에 음성을 텍스트로 변환해 주는 것입니다. 이렇게 녹음한 파일들은 카카오톡 같은 메신저를 통해 즉시 공유하고 보낼 수도 있습니다.

특히 이러한 간이 녹음 방식은 여러 명이 동시에 참여하는 단체곡을 만들 때도 유용한 의사소통 수단이 됩니다. 즉, 전체 과정을 리드하는 분이 가볍게 가이드 녹음을 한 뒤 느낌을 전달하거나, 서로 간의 피드백을 확인하고자 할 때 시간을 빠르게 단축해 줄 수 있다는 장점이 있습니다.

스마트폰을 이용해 데모 녹음을 할 때는 먼저 음원을 내고자 하는 반주곡 MR 파일(mp3, wav)을 준비해야 합니다. 휴대폰으로 곡을 재생을 하면서 녹음을 동시에 하는 것은 어렵기 때문에, 별도의 PC나 스피커를 이용해 곡을 재생한 뒤 녹음하도록 합니다.

가급적 불필요한 소음이 섞이지 않게 방음이 잘되는 공간을 활용하는 것이 좋습니다. 차가 있는 분들은 차량 내부가 음악을 틀었을 때 출력이 나쁘지 않고, 어느 정도 방음이 되므로 이 공간을 활용할 것을 추천해 드립니다.

간혹 어떤 분들은 '스마트폰으로 녹음하는 게 뭐가 유용하다는 말이지?' 하며 불신을 가지실 수 있습니다. 그런데 우리가 하는 것은 본 녹음에 들어가기 전, 목소리가 곡에 잘 묻어나는지 등을 확인하기 위한 데모 녹음이라는 점을 유념하시기 바랍니다.

음질이 좋지 않은 상태에서 실시한 가녹음의 상태도 엉망이라면, 녹음 환경이 좋아진다 한들 그 음원이 잘 되리라 생각하는 것은 허황된 기대에 가깝습니다. 정식 녹음과 믹싱을 거치기 전에 하는 임시 녹음이기 때문에, 이런저런 시도를 해 볼 수 있는 것입니다. 낙후된 환경에서 실시했지만 데모 녹음의 상태를 듣고 '아, 이 정도면 정식 녹음도 해 볼 만하다.'라는 자신감이 생겼을 때 비로소 다음 스텝을 밟아 나갈 수 있습니다.

② '곰 녹음기'와 기본 헤드셋 마이크를 이용한 방법

두 번째는 PC용 녹음 프로그램인 '곰 녹음기(GOM Recorder)'와 기본 헤드셋 마이크를 이용한 데모 녹음입니다. 앞서 스마트폰을 이용한 녹음보다는 음질이 깨끗하고, 집에서 편하게 할 수 있는 방법이기 때문에 추천해 드리는 방법이기도 합니다.

'곰 녹음기'는 사용법이 무척 간단하며 무료로 쓸 수 있다는 장점이 있습니다. 게다가 기본적인 헤드셋 마이크만 구비하면 되기 때문에 초보자 입장에서 가장 부담이 적은 방법이라 하겠습니다. '곰 녹음기'는 곰앤컴퍼니(GOM&COMPANY)라는 회사에서 만든 것으로 컴퓨터의 소리나 마이크, 외부 오디오 기기를 녹음할 수 있는 프로그램입니다. 동영상 재생 프로그램인 '곰 플레이어'로 익숙한 회사에서 만든 프로그램이지요. 곰 녹음기는 PC 버전과 모바일 앱 버전이 있는데, 모바일 앱도 기본 녹음 기능과 STT녹음, 편집 기능이 탑재되어 있으므로 함께 쓰시면 도움이 됩니다.

'곰 녹음기(GOM Recorder)' 설치

먼저 인터넷 검색창에 '곰 녹음기'를 검색하여 설치 파일을 다운받아 실행합니다. 이때 녹음에 쓸 마이크가 필요한데, 컴퓨터용 마이크 또는 마이크가 연결된 헤드셋만 있으면 충분합니다. 마이크가 준비되면 곰 녹음기를 다운로드 받은 다음, 바탕화면에 마이크 모양의 아이콘을 확인합니다. 아이콘을 클릭하면 곰 녹음기 실행창이 뜰 것입니다.

데모 녹음 파일 형식, 음질 설정

실행 창을 자세히 보면 주황색 메뉴바에 휠 모양의 '환경설정' 버튼이 보이는데, 이것을 클릭하면 위와 같이 기본 설정 창이 뜹니다. 이 곳에서 파일의 저장 형식(mp3, wav, m4a, wma)과 음질(128, 192, 256, 320KBps/44.1㎑(Stereo))을 설정할 수 있습니다. 기본적으로 mp3, wav 파일 형식에 192 또는 256KBps/44.1㎑(Stereo)를 많이 쓰므로 설정을 마친 뒤 녹음 파일 저장 폴더를 지정합니다.

'곰 녹음기(GOM Recorder)' 녹음 장치 설정

다음으로는 '녹음 장치' 설정입니다. 녹음 대상은 '마이크'로 선택하고, PC 사운드는 '스피커'로 설정합니다. 볼륨은 위와 같이 마이크의 볼륨을 스피커의 볼륨보다 약간 더 키워서 설정합니다.

이제 녹음을 시작하시면 되는데 정중앙의 마이크 버튼을 누르면 녹음이 시작되고, 정지 버튼을 누르면 녹음이 완료됩니다. 녹음이 완료되면 지정 폴더에 녹음 파일이 저장되며, 아래와 같이 녹음된 내용을 재생하고 확인하실 수 있습니다.

데모 녹음 실시, 파일 확인

　이와 같이 곰 녹음기를 활용하면 녹음한 파일을 직접 들어 보고, 여러 번의 설정을 거친 뒤 본인에게 맞는 환경을 세팅하실 수 있습니다. 또한 추가적으로 제공되는 곰 사운드 에디터를 이용하면 녹음 파일 컷팅, 음량 조절, 페이드 인/페이드 아웃 등을 시킬 수 있는데, 조작이 워낙 간편하므로 장점이 많은 프로그램입니다.

　그런데 곰 녹음기를 쓰실 때 한 가지 우려할 수 있는 부분이 있습니다. 바로 기본 PC 헤드셋을 사용하였을 때의 '음질'인데요. 사실 데모 녹음 수준에서는 헤드셋 마이크를 사용해도 무방하지만, 좀 더 좋은 음질을 바라는 경우도 있습니다. 이때 추천해 드릴 수 있는 마이크가 인프라소닉(INFRASONIC)이라는 회사에서 출시한 'UFO 마이크'입니다. 특정 회사의 제품을 홍보할 목적은 없지만, 비용과 기능 면을 따져 보았을 때 가장 보편적으로 쓰이는 마이크라 하겠습니다.

　기억하기도 쉬운 이 UFO라는 이름의 마이크는 PC나 노트북의 USB 포트에 꽂으면 별도 드라이버를 설치하지 않고도 쓸 수 있으며, 독립적인 마이크 기능과 마이크 프리 앰프, 그리고 오디오 인터페이스가 일체화되어 있으므로 편하게 사용할 수 있습니다.

사실 UFO는 비교적 저렴한 편이고, 사용이 무척 간편하기 때문에 많은 유튜버들이나 인터넷 방송인들이 애용하는 마이크이기도 합니다. USB 연결만으로 쓸 수 있고, 추가 외부 장비나 복잡한 연결을 요하지 않기 때문에 고음질을 원하는 분이라면 한 번쯤 생각해 볼 만합니다.

간편히 쓸 수 있는 'UFO' 마이크

③ 셀프 스튜디오 대여를 통한 데모 녹음

끝으로 셀프 스튜디오 대여를 통한 데모 녹음 방법입니다. 요즘에는 가수 지망생이나 실용 음악 전공자들뿐만 아니라, 일반인들을 위한 소규모 녹음실들이 전국 곳곳에 많이 생겼습니다. 각종 TV 오디션 프로그램의 영향도 있지만, 유튜브나 개인 방송을 하는 일반인들도 많고, 다양한 형태로 자기 PR을 하는 시대가 도래했기 때문에 이러한 인프라도 덩달아 생긴 것이지요.

요즘에는 녹음 스튜디오를 반드시 앨범 제작을 위한 목적으로만 사용하지는 않습니다. 축가, 프로포즈 등 이벤트에 쓸 간단한 음원 녹음을 하거나, 커버 영상을 찍기 위해 대여하는 경우도 심심치 않게 볼 수 있습니다.

이와 같은 소규모 녹음실은 방음이 잘되는 부스는 물론, 고급 콘덴서 마이크를 쓰므로 좀 더 쾌적한 환경에서 녹음할 수 있다는 장점이 있습니다. 게다가 예전에는 약 3시간 정도씩 한 프로(1 pro) 단위로 대여해 주거나 비싼 가격에 대여해 주었지만, 요즘은 시간당 1~2만 원이면 대여가 가능하니 수월해졌다고 볼 수 있습니다. 녹음실 컨디션은 제공하는 장비의 수준과 서비스에 따라 다르겠지만, 인터넷 검색을 통해 간단히 찾아보고 문의해 볼 수 있으니 약간의 수고를 들여 보시는 것도 좋습니다.

셀프 스튜디오 대여

녹음실 대여를 통해 데모 녹음 시에는 본인이 노래할 곡의 반주(MR)와 가사를 간단히 준비해 가면, 원하는 시간대에 고음질로 녹음할 수 있습니다. 그런데, 녹음실을 이용해서 데모 녹음을 할 때 몇 가지 생각해 보아야 할 점들이 있습니다.

첫 번째는 **'임시 녹음인데 굳이 비용을 들여 할 필요가 있을까?'** 하는 점입니다. 경험이 있고 숙련된 사람이면, 약간의 가이드와 연습을 거친 뒤 곧바로 본 녹음에 들어갈 수도 있습니다. 다시 말해, 데모 녹음을 굳이 할 필요가 없다는 것입니다. 곡에 대한 이해가 완벽하고 가사를 모두 외운 상태라면, 시간과 비용을 들여 굳이 녹음실에서 데모 녹음을 할 이유는 없습니다.

두 번째는 **'녹음은 익숙하고 편안한 곳이 좋다.'**입니다.

앞서 언급해 드린 바와 같이 데모가 정식 녹음을 원활하게 하기 위한 임시 녹음인 점을 고려할 때, 가급적 몸과 마음이 편한 곳에서 진행하는 것이 좋습니다. 물론 데모 녹음을 했던 스튜디오에서 본 녹음을 진행할 수도 있지만, 감을 잡기 위해 하는 녹음을 굳이 낯선 녹음실에서 할 필요가 있는지 생각해 봐야 합니다. 집에서도 기본 마이크와 PC를 가지고도 충분히 할 수 있으므로, 데모 녹음만큼은 여러분이 가장 편하고 비용이 덜 드는 쪽으로 추천 드립니다.

2. 목소리로 보는 시험, 본 녹음

데모 녹음을 통해 몇 차례 연습을 마쳤으면 이제 본격적인 음원 녹음입니다. 본 녹음은 전문적인 레코딩 스튜디오나 홈 스튜디오를 이용할 수 있습니다. 어느 곳을 이용해도 관계 없지만 가급적이면 전문 디렉터나 엔지니어가 상주하며, 믹싱, 마스터링을 해 줄 수 있는 곳을 선정하는 것이 좋습니다. 최근에는 앨범 홍보에 필요한 커버 영상과 메이킹 필름까지 서비스 해 주는 스튜디오도 있으니, 비교해서 선택하시면 되겠습니다.

본 녹음은 전체적인 앨범 작업 중 가장 중요한 순서에 해당되므로, 스튜디오와 엔지니어를 정하는데 각별히 신경 써야 합니다. 여러분 주변에 음악을 전문적으로 하는 분이 없거나 모니터링을 해 줄 분이 없다면, 녹음 이후의 작업들도 꼼꼼히 해 줄 곳을 찾아야 하는 것입니다. 필요에 따라 내가 원하는 장르의 곡을 작업해 줄 엔지니어의 프로필과 포트폴리오[8]를 보여 주는 경우도 있으니 참고하십시오. 레코딩 작업도 결국 사람이 하는 것이므로, 녹음, 믹싱, 마스터링 과정에 의사소통이 잘되는 사람을 찾는 일이 여러분이 챙겨야 할 핵심 포인트입니다.

레코딩 스튜디오 서비스 패키지(예시)

스튜디오를 선정한 뒤 녹음 일정까지 확정 지었으면, 해당 일정에 디렉터와 엔지니어를 만나서 진행하시면 되겠습니다. 아래는 음원 녹음 시 유의해야 할 사항들입니다. 지금부터는 여러분이 연습한 곡을 본격적으로 만드는 단계이므로, 꼼꼼히 체크하시어 임하시면 되겠습니다.

① 목 컨디션 관리

컨디션 관리는 기본 중의 기본이므로 아무리 강조해도 지나치지 않습니다.

---

8   포트폴리오(portfolio): 본인의 이력이나 실력을 보여 줄 수 있는 자료집 또는 작품집

목소리도 하나의 악기처럼 쓰이기 때문에 평소에 자신의 목 관리를 철저히 하는 것이 좋습니다. 아나운서나 강사가 아니더라도 목을 자주 쓰는 일을 하는 분들은 컨디션 관리의 중요성을 자연스레 알고 있습니다.

녹음은 자신의 상태를 가장 객관적으로 보여 주는 행위입니다. 피곤에 절어 있거나 목 상태가 엉망이면 당연히 멋진 목소리가 나올 수 없겠지요. 평소 꾸준하게 목을 쓰면서 고유의 톤과 발성을 잃지 않도록 하는 것이 중요하며, 녹음 전에 최상의 컨디션을 유지토록 해야 합니다.

운동을 해 보신 분은 알겠지만 본 운동을 하기 전에는 반드시 몸을 예열해 주거나 웜업(warm-up)시켜 주어야 합니다. 녹음을 할 때도 다른 근육이 아닌 목을 쓰기 때문에 소리가 잘 나올 수 있도록 연습 발성을 해 주고, 호흡이 흐트러지지 않게 준비해 주어야 합니다. 녹음 직전에 배부르게 음식을 섭취한다거나 탄산음료, 커피 등을 마시는 일은 가급적 피하는 것이 좋습니다. 이는 호흡을 망가뜨리거나 목구멍 안을 건조하게 만들기 때문에 악영향을 줍니다.

본 녹음은 목소리로 치르는 시험과 같기 때문에 목을 망가뜨리는 모든 요소들을 되도록 피하십시오. 간혹 녹음 당일에 목소리가 좋지 않아도 보컬 튜닝이나 믹싱 등을 통해 무마할 수 있다고 착각하시는 분들이 있습니다. 이러한 도구들은 기존 보이스 소스를 매력적으로 보강하는 것일 뿐, '몹쓸 목소리'를 구제하는 용도는 아니니 의지할 생각을 버리시는 것이 좋습니다.

녹음 당일 목 컨디션을 위해 피해야 할 것

② 완벽한 가사 암기

본 녹음 당일에는 가사를 완벽하게 외워 두어야 합니다. 가사 노트를 보면서도 충분히 녹음할 수 있지만, 가사를 온전히 암기한 뒤 마이크 앞에 서면 음악을 몸으로 온전히 느끼면서 목소리는 거든다는 느낌을 강하게 받으실 수 있습니다. 가사도 하나의 이야기이므로, 이야기꾼인 본인이 내용을 완벽히 숙지하지 못한 채 부르면 감정이입도 안 되고 책 읽는 느낌이 날 수밖에 없습니다. 반대로 가사를 모두 외우고 있으면, 반주(MR)는 그저 내 이야기를 하기 위한 배경이라는 생각으로 실감나게 노래할 수 있습니다. 미묘한 차이이긴 하지만 '음질'도 좋아질 수 있지요.

뒤에 〈④ 마이크와 나와의 거리〉에서도 설명드리겠지만, 가사를 암기하고 있으면 가사를 보기 위해 고개를 돌리지 않게 되니 음색이 한결같이 유지됩니다. 또한, 불필요한 음량의 변화도 줄이게 되니 일석이조입니다. 가사 암기는 호흡과 연관시킬 수도 있는데 반주에 맞춰 가사를 모두 외우고 있으면, 어느 부분에서 호흡해야 할지 체크되기 때문에 감정전달에도 매우 효과적입니다. 그러므로 가사 암기와 함께 본인의 폐활량에 맞게 호흡을 체크하는 것이 중요하다 하겠습니다.

③ 녹음 완료 시점 판단과 엔지니어와의 소통

보통 데모 녹음을 몇 차례 진행했으면 그동안 연습을 충분히 거쳤기 때문에, 본 녹음은 한 번에 끝나지 않을까 생각합니다. 그리고 본 녹음은 시간 단위로 비용을 지불하는 스튜디오에서 진행되므로, 왠지 모르게 시간에 쫓기게 되는 경우가 많습니다. 그런데 숙련된 가수들조차 몇 시간 만에 곡을 완성해 내는 경우는 극히 드뭅니다. 운이 좋아 한 번에 OK 사인을 받는 경우도 있지만, 어떤 가수들은 1개의 트랙을 위해 몇 날 며칠을 지새기도 합니다. 그만큼 사람마다 노래를 잘 부를 수 있는 타이밍도 다르고, 당일 컨디션과 환경에 좌지우지되는 경우도 많이 있는 것입니다.

이런 이유 때문에, 녹음 완료 시점에 대한 강박 관념을 어느 정도 떨쳐 내는 것도 중요합니다. 한 곡을 하더라도 여러 번에 걸쳐서 녹음하고, 그중에 가장 좋은 사운드를 찾아내는 것입니다. 녹음은 공장에서 제품을 찍어 내는 것이 아니기 때문에, 장시간 반복하면 처음 톤과 호흡이 유지되지 않는 경우도 있습니다. 한 번 틀렸던 부분에서 계속 틀리는 일도 많지요.

우리의 최종적인 목적은 가장 좋은 목소리로 최상의 음원을 뽑는 것이므로, **오늘 하루 진행된 녹음이 계획대로 되지 않았어도 현명하게 판단하는 것이 좋습니다.** 이때 녹음을 함께 모니터링 해 주는 엔지니어와의 소통이 매우 중요합니다. 녹음 부스에서 노래에만 집중하다 보면 본인 목소리나 컨디션을 객관적으로 체크하지 못하는 경우가 많습니다. 제삼자의 입장에서 목소리 톤과 음색이 변하지 않았는지, 컨디션이 정상적으로 유지되고 있는지 확인해 주는 것이 좋습니다. 즉, 이러한 사항들은 디렉터나 엔지니어가 수시로 체크해 줄 수 있습니다.

보통 현장에서 함께한 엔지니어가 녹음 이후의 믹싱과 마스터링을 맡는 경우가 많습니다. 녹음을 시작할 때부터 가수, 엔지니어가 마치 한 몸처럼 움직여야 한다는 표현이 적절할 것 같습니다. 믹싱, 마스터링에서도 설명드리겠지만, 완벽한 곡을 만들어 내는 데는 여러 사람의 도움이 필요합니다. 본인의 역량뿐만 아니라 엔지니어, 디자이너 등의 도움이 없으면 반쪽짜리 결과물이 될 수밖에 없습니다.

가수가 목소리를 녹음 과정에 담아내면, 가상 악기와 플러그 인 등을 이용해 소리를 재 조합하고 다듬는 역할을 엔지니어가 합니다. 그러므로 그들의 역량이 매우 크게 작용한다고 볼 수 있습니다. 따라서 최상의 결과물을 만들어 낼 수 있도록 완료 시점을 판단하고, 엔지니어와 마찰 없이 소통해야 합니다.

④ 마이크와 나와의 거리

여러분이 스튜디오를 방문해 보면 아시겠지만, 기본적으로 녹음을 할 때는 노래방과 공연장에서 쓰는 다이내믹 마이크가 아닌 콘덴서 마이크를 씁니다. 또한, 대부분의 콘덴서 마이크가 들숨이나 습기에 취약하기 때문에 노이즈를 막기 위해 팝 필터를 장착해서 씁니다. 팝 필터는 'ㅂ, 'ㅍ' 같은 파열음이나 'ㅊ, ㅅ' 같은 치찰음 등이 과도하게 마이크에 들어가는 것을 방지하며, 좀 더 깔끔한 소리가 나게끔 도와주는 역할을 합니다.

콘덴서 마이크와 부수 장비들

콘덴서 마이크

팝 필터

쇼크 마운트

처음 마주한 녹음실 풍경 앞에 이러한 장비까지 보면, 어떤 자세로 어떻게 녹음해야 할지 낯설게 느껴집니다. 먼저, 마이크와 나와의 거리는 손바닥 한 뼘 정도가 적당합니다. 고개를 아래로 숙이면 성대가 닫히기 때문에 시선은 정면을 향하는 것이 좋습니다. 책을 읽는 것이 아니기 때문에 너무 꼿꼿하게 서서 노래를 부르면 음정과 박자가 불안정하게 녹음될 수 있습니다. 무엇이든 자연스러운 것이 좋기 때문에 마이크와 적당 거리를 유지하면서 박자를 타며 약간씩 움직이는 게 좋습니다. 이럴 때 생기는 약간의 음압 변화 정도는 차후 믹싱에서 컴프레셔로 수정이 가능하므로 걱정하지 않으셔도 됩니다.

또한, 코러스(chorus)나 훅(hook)에서 큰 소리로 부를 때는 마이크와의 거리를 멀리하고, 벌스(verse)나 브릿지(bridge)에 감정을 싣거나 작은 소리로 불러야 할 경우 좀 더 가까이에서 부르는 것이 좋습니다. 숙련된 가수의 경우 마이크를 어떻게 대해야 할지 몸이 먼저 반응하겠지만, 익숙하지 않은 분들은 꼭 알아 두는 것이 좋습니다.

⑤ 노래를 풍성하게 해 줄 양념 사운드

녹음을 할 때 노래를 좀 더 풍성하게 만들어 주려면 메인 보컬 외 몇 가지 백 보컬 소스들이 필요합니다. 대표적인 것이 더블링(doubling), 화음, 애드립(ad lib)입니다. 아래는 가수 거미의 대표곡 〈기억상실〉의 가사 일부입니다. 더블링, 애드립 표기의 이해를 돕기 위함이니 참고하시기 바랍니다.

더블링, 애드립 표기 (예시)
거미 〈기억상실〉

보이지 않아 (음-)
아직도 내 사랑 하나 못 찾고(못 찾고)
더듬거리는(예-) 손으로 네 사진을 찾다가(찾다가) (음-)
자꾸 멀어버리는 내 눈은(내 눈은)
한참 눈물 쏟아내고 (우-)
내 맘은 지독한 멍이 생기고(생기고) (워우-예)

* 파란색: 더블링, 빨간색: 애드립

이 세 가지는 가수의 센스에 따라 양념처럼 쓰이기 때문에, 여러 번 녹음을 하면서 노하우를 쌓는 수밖에 없습니다. 기본적인 개념을 이해하고, 어떤 음악을 들을 때 이런 소리에도 귀 기울인다면 점점 여러분만의 노하우가 쌓일 것입니다.

첫 번째 '더블링'은 한국말로 덧입히기, 즉 다중 녹음을 뜻합니다. 어떤 특정 파트에서 소리를 풍성하게 만들고 싶을 때, 여러 명이 부른 것 같은 효과를 주고 싶을 때가 있는데요. 예전에 MBC 〈놀면 뭐하니〉에 출연했던 '싹쓰리'의 멤버 '비'도 녹음 당시 더블링을 달인 수준으로 시전해 놀라움을 안기기도 했습니다.

더블링은 본인이 아닌 다른 사람이 진행하기도 하는데, A라는 가수가 먼저 노래하고 B, C가 이어서 코러스로 더블링 할 수도 있습니다. 먼저 녹음한 A의 음성을 들으며 2명이 더블링으로 해 주면 그 부분이 좀 더 단단해지는 것입니다. 라이브 공연을 할 때도 가사 마지막 부분을 누군가가 똑같이 더블링해 주면, 들을 때도 신나고 호흡도 한결 편해집니다. 또한, 서로 다른 2개 이상의 음을 동시에 겹쳐 쌓아 올리는 것을 '화음'이라고 하는데, 녹음할 때 더블링과 화음만 잘 쓰더라도 귀를 더욱 즐겁게 만들 수 있습니다.

두 번째는 '애드립'입니다. 노래 사이 사이에 넣는 추임새가 이에 해당하는데, 흥을 돋구기 위한 장치로 요긴하게 쓰입니다. 영화에서 배우가 대본에 없는 대사를 애드립으로 쳤을 때 묘한 쾌감을 주듯이 음악에서도 비슷한 역할을 합니다.

'오!', '예스!'와 같은 감탄사가 가장 일반적이고, 정해진 규칙 없이 즉흥적으로 내뱉는 말이므로 자연스럽게 하는 것이 관건입니다. 데모 녹음을 하기 전부터 가사에 더블링, 애드립을 칠 부분을 구분하여 표시해 두면 좀 더 녹음이 수월하게 진행될 수 있습니다.

참고: 알아 두면 유용한 녹음 관련 용어

"당최 무슨 뜻인지 도저히 못 알아 먹겠네…"

TV에서 우연히 의학 전문 드라마와 스포츠, 다큐멘터리를 접했을 때, 그 분야의 전문가가 아니면 전혀 재미를 못 느끼는 경우가 있습니다. 음원 녹음도 마찬가지인데, 레코딩 용어를 모르면 벙 찌는 경우가 간혹 있지요. 어떤 일이든 현장에서 쓰는 용어를 알고 있으면 소통이 빨라지고 진척이 빨라지기 마련입니다. 아래의 몇 가지 용어만 알아들어도 긴장하는 일이 없을 것입니다.

- 디렉터(Director)
: 녹음할 때 총 지휘, 감독하는 사람을 말한다. 디렉터는 보통 음악적 견해와 기술적인 녹음 이론을 모두 겸비한 사람이 맡곤 한다. 대개 엔지니어가 디렉터를 겸하는 경우가 많다.

- 모니터링(Monitoring)

: 가수가 노래한 부분이 잘되었는지 잘되지 않았는지 판단하기 위해 세밀하게 들어 보는 것을 뜻한다.

- 엔지니어(Engineer)

: 녹음할 때 기술적인 사항을 책임지는 사람을 엔지니어라고 한다. 각종 믹싱, 마스터링 프로그램과 장비를 다루는 데 능통하며 '기사'라고도 부른다. 음악적 센스와 기술을 동시에 겸비해야 한다.

- 컷(Cut)

: 녹음한 부분이 좋지 않을 때 못쓰는 그 부분을 들어낸다는 의미로 '컷' 한다고 한다.

- 고(Go)

: 녹음한 부분이 좋아서 그대로 진행할 때 '고'라고 한다.

- 펀치 인(Punch In), 펀치 아웃(Punch Out)

: 노래하다 잘못된 부분이 있을 때 힘들게 처음부터 다시 하는 것이 아니라 잘못된 부분만 수정할 수 있다. 수정이 시작되는 부분을 펀치 인 타임(Punch In Time), 수정이 끝날 부분을 펀치 아웃 타임(Punch Out Time)이라 한다.

- 에코(Echo)

: 노래한 부분에 특수한 이미지를 주기 위해 리벌브(Revolve)나 딜레이(Delay) 등 이펙트(Effect)를 이용해 효과음을 더하는 것을 뜻한다.

- 엠알(MR)

: 노래가 없는 반주곡을 뜻한다. 노래가 소리판에 입혀지는 과정을 살펴보면 먼저 반주를 녹음하고, 그 이후 가수가 반주에 맞추어 노래를 녹음하게 되며, 그 노래와 반주가 최종적인 밸런스를 맞추는 믹싱을 거쳐야 한다. 이러한 일련의 과정 중에서 반주만 입혀 놓은 것을 MR(Music Recording)이라 한다.

- 에이알(AR)

: 반주에 노래까지 입혀진 곡, 즉 MR에 가수가 노래를 불러 녹음한 것을 AR(Audio Recording)이라 한다.

- 믹싱(Mixing)

: 가수가 녹음을 마치면 노래와 음악의 밸런스를 맞추고 여러 효과를 조합하며 이상적으로 맞춰야 하는데 이 작업이 믹싱이다. 믹싱에 의해 노래는 하나의 완전한 곡으로 모양새를 갖추게 된다.

– 마스터링(Marstering)

: 마스터링은 음원의 최종 완성 단계이다. 믹싱을 통해 전체 악기들의 위치와 밸런스 조정이 끝나면, 음원의 음압을 올려 더 큰 볼륨을 가지게 하고 균형을 맞춘다.

"비트 마켓에서 곡을 구매할 때 이 점에 꼭 유의하세요."

*본 인터뷰는 사전에 동의를 얻어 실제 인터뷰 한 내용을 바탕으로 작성되었습니다. 소속, 이름 등 민감한 내용은 비워 두었습니다.

1. 반갑습니다. 먼저 간단한 자기소개 부탁드립니다.

안녕하세요. 저는 현재 회사원이며 인디펜던트로 10년 넘게 음악을 하고 있는 ○○○이라고 합니다. 현재 힙합(Hip Hop) 음악을 만들고 있으며 비트메이킹과 믹싱, 랩을 하고 있습니다.

2. 음악을 하신 지 얼마나 되셨나요? 앨범 발매 경험이 있으신가요?

저는 주로 요즘 쉽게 접할 수 있는 힙합 음악을 하고 있습니다. 힙합 음악을 중학교 때부터 좋아했고 시작은 20살부터 했습니다. 그때는 비트메이킹은 하지 않고 오로지 래퍼로만 활동했죠. 2006년도에 '부러진 □□' 피처링으로 처음 음원 사이트에 이름을 올렸습니다. 27살 진로 때문에 쉬고 다시 음악을 시작한지 약 2년 정도 되었습니다. 2020년도 2월에 믹스테이프(mixtape)을 만들어 사운드클라우드에 올렸고, 9월 1일에 싱글 '●●●'를 정식 발매하였습니다.

3. 비트 구매 플랫폼 또는 비트 마켓에서 곡을 구매한 경험이 있으신지요?

'●●●'라는 싱글 곡은 비트를 구매하여 작업하였습니다. 비트가 맘에 들기도 하였고 직접 만들어서 유통하려 하였으나, 이번에 가볍게 내 보자는 마음으로 발매하였습니다. 보통 비트메이커와 작업을 진행하게 되는 경우에 세션(session) 추가나 사운드적인 부분을 함께 상의하여 만들기도 합니다. 예를 들어, 어떠한 곡에 전자음 같은 소리가 들어가는데 어떠한 식으로 넣어 줄 수 있는지, 기타가 루프(loop) 되는 부분에 디스토션(distortion)을 걸어 더 날것의 느낌을 준다든지 하는 것들이죠.

사실 이건 음악을 평소에 많이 들어 보고, 관심이 가야 주문할 수 있는 부분입니다. 현실적으로 초보자 분들은 이런 부분이 굉장히 어려우실 것 같다는 생각이 드네요. 평소에 듣는 음악에서 그런 소리들을 잘 기억하시고, 메모하여 비트메이커와 소통하실 때 레퍼런스 할 수 있는 준비가 일단 되어야 한다고 생각이 듭니다. 아무것도 모른 상태에서 만들 수는 있습니다. 아는 색깔이 많으면 그 위에 칠할 수 있지만, 모른다면 이야기는 달라지는 것이죠. 이제 음악을 만들려고 도전하시는 분들은 지금부터라도 좀 더 귀를 기울여서 들으시면 도움이 되실 겁니다.

4. 비트 선택과 구매 시 어떤 점에 가장 유의해야 할까요?

이건 개인마다 취향이 있기에 어떠한 게 좋다고 답을 정하기는 어렵습니다. 하지만, 유의해야 하는 부분이라면 내 목소리 톤이나 스타일과 가장 잘 어울리는 비트가 베스트라 생각합니다. 저도 그렇지만 우선 비트를 틀고 흥얼거리며 허밍(humming)을 해 봅니다. 음식처럼 비트도 호불호가 분명하고 이건 음악에도 마찬가지입니다. 내가 좋아하는 걸 하기보다, 음원을 내는 게 목적이라면 '내가 잘할 수 있는 비트'를 고르는 게 좋습니다.

5. 구매한 곡(비트)를 활용해서 사용할 때 어떤 점에 유의하셨나요?

비트를 구매 시 조건이 붙습니다. 그렇기에 이 점을 확인하셔야 합니다. 더 많은 비용을 지불하면 세션 트랙을 받아 수정이 가능합니다. 하지만 초보자 분들의 기준에서는 유튜브를 적극적으로 활용하셔서 작업하시기 바랍니다. 무료 붐뱁 비트, 무료 트랩 비트, Type Beat 이런 식으로 검색해도 많이 나오기 때문이지요. 비트부터 선 구매하지 마시고, 충분히 연습을 하시거나 곡을 완성했을 때 '이 곡은 꼭 내고 싶다.'라고 생각이 들면 그때 구입해서 진행하는 게 좋습니다.

6. 구매한 곡(비트)으로 녹음할 때 좋은 점, 나쁜 점은 어떤 점이 있었나요?

좋은 점은 간단합니다. 내가 만들지 않고 '일정 비용을 지불해서 편리함을 산다.'라는 느낌이죠. 쇼핑하듯 내 몸에 골라 옷을 입듯 비트 또한 내 스타일대로 고를 수 있기에 편합니다. 나쁜 점은 내 마음대로 수정이 불가하다는 점입니다. 국내 프로듀서라면 DM이나 메일로 소통이 가능하지만, 외국 프로듀서 분들은 쉽지 않습니다. 그리고 위에서 언급한 것처럼, 어떤 부분을 정확하게 수정을 해야 하는지도 알아야 하는 부분이기에 이 부분 또한 쉽지 않습니다.

7. 작곡가 또는 비트메이커에게 곡 의뢰 시 이것만은 유의하라고 조언해 줄 점이 있다면?

모든 비트메이커들의 스타일이 다 다릅니다. 어떤 사람은 드럼이 좋고 어떤 사람은 메인 사운드가 좋거나 각각 다른 성향을 띕니다. 그렇기에 내가 원하는 비트메이커를 접촉하셔야 합니다. 그래야 내가 원하는 것에 가까운 음악을 만들어 낼 수 있습니다. 한 곡만 들어보고 바로 구입하지 마시고, 여러

가지 많이 들어 보시고 선택하세요. 그리고 수정이 가능한지도 꼭 물어보셔서 진행하세요.

8. 마지막으로 처음 앨범을 만들고, 발매하는 사람에게 해 주고 싶은 조언이 있다면? 어떤 것을 알면 수월하게 진행될까요?

정식 음원 발매는 누군가에게는 도전이고 꿈일 수 있는 부분입니다. 막상 알아보려면 준비해야 하는 것들도 많고 손도 많이 갑니다. 그리고 어디서부터 시작해야 할지 모르는 분들이 많을 것이라 예상됩니다. 저 또한 그랬고, 주변에 음악을 시작하고 싶어 하는 분들을 보면 많이 느낍니다. 무엇보다도 제일 중요한 건 '열정'입니다. 그만큼 내가 이걸 사랑하고, 애정이 있어야 이루어지는 것들입니다. 하루 아침에 바로 발매되는 것이라면 누구나 할 수 있는 거라고 생각합니다. 하지만 생각보다 쉽지 않은 걸 알고 있습니다.

이 책을 보시는 분들에게 용기를 드리자면, 사실 조금만 신경 쓰면 누구나 앨범을 내실 수 있습니다. 분명 앨범을 내시면 누군가에게 대단한 일이라며 박수를 받을 수 있고, 누군가에게는 냉정한 평가를 받으실 수도 있습니다. 이 또한 과정이자 성장이기에 모두 자신에게 득이 됩니다. 모두 힘내십시오!

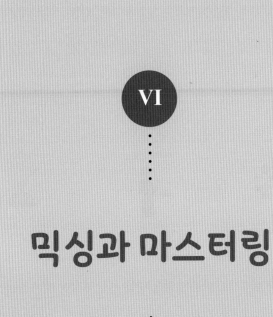

VI

믹싱과 마스터링

믹싱(Mixing)과 마스터링(Marstering)은 이미 녹음을 끝낸 여러 소리들을 조화롭게 섞고, 상업 음반 수준으로 디자인하는 과정입니다. 요리에 비유하면 신선한 재료를 준비하는 것이 '녹음'이고, 그 재료를 다듬고 섞어서 조리하는 과정이 '믹싱'이며, 먹음직스러운 그릇에 담는 과정이 '마스터링'이라 할 수 있습니다.

믹싱과 마스터링은 매우 전문적인 영역이므로 이 책에서 믹싱과 마스터링의 세부 방법에 대해서는 다루지 않을 것입니다. 하지만 이 과정들이 엔지니어의 몫이더라도, 우리는 우리의 소리를 음악적으로 잘 표현하기 위해 그들과 소통할 필요가 있습니다. 앞서 녹음 과정에서도 살펴보았듯이 가수와 엔지니어는 마치 한 몸처럼 움직여야 하므로, 그들이 쓰는 용어 정도는 이해하고 있는 것이 좋습니다. 사실 특별한 사운드 연출을 위한 것이 아니라면, 귀에 거슬리지 않게 전체적인 곡의 밸런스를 잡아 주는 것이 믹싱의 가장 큰 목적이라 할 수 있습니다. 즉 일정 비용을 지불하고 녹음한 트랙들을 단순히 '믹싱 해 주세요~' 하며 넘길 수도 있는 것이지요.

하지만 음악은 똑같은 형태의 복제품을 만드는 일이 아니기 때문에, 좀 더 똑똑하게 의뢰하는 것이 필요합니다. 외부 엔지니어에게 맡겨 보시면 아시겠지만, 처음 여러분이 생각한 의도와 방향이 믹싱을 한 다음 180도 뒤바뀌는 경우도 발생합니다. 결국 '울며 겨자 먹기' 식으로 곡 전체를 뜯어고치는 일이 빈번하게 발생하지요. 한편, 믹싱과 마스터링이 음원 제작 프로세스 중 쉽게 건드릴 수 없는 부분이다 보니, 아무것도 모르고 맡기면 시쳇말로 '호구 잡히기 좋다.'라는 말을 가장 많이 듣게 되는 과정이기도 합니다.

모든 엔지니어들이 '작품'을 만든다는 생각으로 양심적으로만 임해 준다면 더 바랄 것이 없겠지만, 그렇지 않은 경우가 많기 때문에 기본적인 사항 정도는 알고 있어야 손해 볼 일이 없습니다. 따라서 이번 장에서는 믹싱과 마스터링의 정의에 대해 알아보고, 여러분이 믹싱과 마스터링을 의뢰할 때 어떤 점들에 유의해야 하는지 살펴보도록 하겠습니다.

1. 믹싱을 의뢰할 때 무엇에 유의해야 할까?

녹음실에서 녹음을 마쳤으면 오디오 편집과 믹싱을 맡기게 됩니다. 앞서 설명드렸듯이 혼자서 모든 과정을 해낼 수 있다면 좋겠지만, 기술적인 영역이기 때문에 참으로 건드리기 힘든 일입니다. 하지만 우리에게는 이 부분만 전문적으로 다루는 전문가들이 있으니 크게 걱정하지 않으셔도 됩니다. 믹싱, 마스터링을 하는 엔지니어 분들이 많이 있고, 그분들은 어떻게 하면 좋은 음질과 사운드를 구현해 낼까 항상 고민하는 '소리의 장인들'이기 때문입니다. 우리가 할 일은 최상의 컨디션으로 최고의 녹음 트랙을 만들어 내는 일이며, 그 소리들을 잘 다듬어 줄 엔지니어를 찾는 것이 그 다음입니다.

흔히 믹싱과 마스터링을 '화장'에 비유하곤 합니다. 때로는 화장을 어떻게 하느냐에 따라서 얼굴이 이뻐 보일 수도 있고, 못나 보일 수도 있지만 무엇보다 중요한 건 **'화장하기 전의 얼굴'**이겠지요. 믹싱도 마찬가지입니다. 믹싱에 서투른 엔지니어를 만나도 녹음 원본이 80점이면, 믹싱 이후의 결과물이 70

점이 될 일은 없습니다. 그만큼 믹싱을 하기 전에 좋은 연주와 좋은 목소리로 녹음을 하는 것이 중요합니다. 이와 같은 맥락으로 믹싱을 의뢰할 때 가장 첫 번째 신경 써야 할 점이 바로, 고품질로 녹음된 트랙들을 선별하는 것입니다.

2. 고품질로 녹음된 트랙들을 선별하라

믹싱 과정에서는 여러 소리들을 EQ나 컴프레서, 리버브 등 다양한 도구를 이용해 좀 더 음악 다운 소리를 내도록 수정할 수 있습니다. 예를 들어 여러분이 '이별'을 주제로 발라드 곡을 쓰고 있고, 인트로에 내레이션으로 녹음한 트랙이 있다고 가정해 보겠습니다. 느낌을 최대한 살려 나지막한 목소리로 녹음했지만, 듣는 사람들에게 더욱 아련한 느낌을 주게끔 바꿔 보고 싶은 상황입니다. 이때 믹싱 과정에서 필요한 효과음을 입혀 사운드를 디자인 할 수 있습니다. 엔지니어에게 필요한 요구사항을 전달하고 그 부분을 다듬어 수정할 수 있는 것입니다.

다시 말해, 믹싱을 통해서 녹음한 트랙을 좀 더 보강하고 색다르게 만들어 나갈 수 있습니다. 녹음 당시 약간씩 박자가 밀렸거나, 피치가 안 맞는다거나, 음이탈 된 것들도 상당 부분 수정할 수 있는 것입니다.

그런데 믹싱은 사운드를 디자인하고 밸런스를 맞추는 과정이지 '성형'은 아닙니다. 이것은 마치 요리를 할 때 재료가 신선해야 믹서기에 넣어도 제맛을 내는 것과 같습니다. 믹싱을 의뢰할 때도 최대한 깨끗한 음질로 녹음을 하고, 세부 트랙들을 깔끔히 정리해 두어야 작업이 쉬워집니다.

오른쪽 그림과 같이 여러 악기 소리와 보컬이 녹음된 멀티트랙(Multi-Tracks)을 스테레오 트랙(Stereo Track)으로 만들어 나가는 과정이 믹싱이므로, 하나하나의 트랙들을 잘 선별해 두는 것이 필요합니다.

녹음 트랙 정리와 믹싱

‘악기 파일’　　　‘보컬 파일’　　　‘기타 파일’

멀티트랙(Multi-Tracks)

Mixing

스테레오 트랙(Stereo Track)

이 책에서는 이미 편곡을 끝낸 반주곡(MR)을 작곡가에게 전달받았다는 가정하에, 노래를 입혀서 믹싱하는 ‘보컬 믹싱’에 초점을 맞추었습니다. 믹싱의 하이라이트가 보컬 믹싱이기도 하고, 여러분들이 엔지니어와 직접적으로 소통하며 만질 수 있는 부분이 이 부분이기 때문입니다. 따라서 믹싱을 통한 악기 소리 변형이나, 트랙 에디트, 곡에 대한 세부 수정은 이 책에서 생략하였습니다.

녹음 과정에서도 느끼시겠지만, 아무리 노래를 잘하는 사람이더라도 원 테이크(one take)로 녹음을 마친 뒤 그 트랙을 바로 믹싱에 쓰는 경우는 거의 없습니다. 다시 말해, 여러 번에 걸쳐 녹음을 하게 되고 그 결과물로 여러 개의 테이크들이 생길 수밖에 없는데요. 이때 녹음한 하나의 트랙을 ‘테이크(take)’라 부르며, 믹싱을 넘기기 전 가장 좋은 테이크만을 남기고 선별하는 것이 중요합니다.

한 곡을 만들 때 적게는 4~5개에서 많게는 10개가 넘는 테이크들이 생기기 때문에 각 테이크들이 자연스럽게 연결되는지, 각 소절마다 테이크가 연결될 때 부자연스러운 곳은 없는지는 반드시 체크해야 합니다. 또한 녹음 파일들을 정리할 때 특별히 음이나 호흡이 튀는 트랙은 없는지, 침 소리와 기타 잡음이 섞이지는 않았는지 등은 현장에서 바로 확인이 가능하기 때문에 꼭 이 점을 숙지하고 확인하시기 바랍니다.

3. 내 수준에 맞는 엔지니어 찾기

지극히 당연한 이야기일 수도 있지만 믹싱은 경험이 많고, 인지도가 있는 엔지니어에게 맡기는 것이 가장 좋습니다. 물론 곡을 만드는 여러분의 의도를 가족처럼 알아주는 엔지니어가 있다면 좋겠지만, 여기서는 모든 것이 무지(無知)인 상태임을 가정하겠습니다. 그렇다면 어떻게 유능한 엔지니어와 접촉할 수 있을까요? 실력 있는 엔지니어를 찾는 데 특별한 왕도가 있는 것은 아니지만, 아래 방법들을 숙지하고 있다면 적어도 최악의 엔지니어를 만나는 일은 없을 것입니다.

엔지니어 찾기

앨범 크레딧 확인 및 접촉	전문 스튜디오를 통한 소개, 접촉	온/오프라인 커뮤니티 활용

좋은 엔지니어를 만나는 첫 번째 방법은, 앨범에 실린 크레딧(Credits)을 확인해 보는 일입니다. 여러분도 알다시피 어떤 가수가 앨범을 내면 그 곡의 상세 정보에 크레딧이 있고 작사와 작곡, 편곡 등에 참여한 분들의 이름을 확인

할 수 있습니다. 믹싱과 마스터링에 참여한 사람의 이름도 쉽게 확인할 수가 있는데, 보통 가명을 쓰긴 하지만 'Mixed by ○○○', 'Mastered by XXX' 또는 'Mixing engineer ○○○', 'Mastering engineer XXX'로 표기된 경우가 많으니 참고하시기 바랍니다.

크레딧을 통한 엔지니어 확인

앨범 정보

[상글]
아직은
말뚝 (MalDDuG), 퀴클리 케이 (Quickly K), YJK

발매일   2019.05.10
장르   랩/힙합, 인디음악
발매사   뮤즈플랫폼
기획사   0431connection

♡ 4   ⬇ 앨범다운 〉   ⬇ FLAC앨범다운 〉   ⊕

[Credit]

Lyrics by 말뚝, Quickly K, YJK
Beats by Secret Stash
Mix & Mastered by Quickly K
Cover Artwork by 말뚝

Special thanks to 0431 connection

　그런데 이렇게 엔지니어의 이름을 확인하더라도 연락할 방법을 찾지 못하거나, 접촉 포인트가 없어 당황하는 경우가 많습니다. 이런 경우 크레딧에 함께 적혀 있는 믹싱, 마스터링 스튜디오(Studio)를 확인해 보거나, 엔지니어의 이름으로 SNS채널(인스타그램, 페이스북, 트위터 등) 등을 확인해 보는 것이 좋습니다. 대부분 인지도가 있는 경우 개인 작업실과 스튜디오를 두고 있으며, 본인 작업물에 대해 SNS 채널로 소통하는 경우가 많이 있습니다. 그러므로 이러한 경로를 통해 연락을 하거나 의뢰하는 방법이 있습니다.

　두 번째, 인지도 있는 전문 스튜디오를 통해 엔지니어를 소개받는 것입니다. 앞서 '녹음하기'에서 설명드린 바와 같이 인지도가 있는 큰 녹음실과 스튜디오에서는 믹싱, 마스터링 엔지니어가 상주하는 경우가 많이 있습니다. 또한, 현장에 있지 않더라도 이를 의뢰할 수 있는 엔지니어들을 스튜디오에서 중개해 주는 경우가 많이 있습니다. 이때 체크해야 할 점은 소개받은 엔지니어의 경력과 실제 작업물, 즉 포트폴리오를 체크해 보는 일인데 예전과 달리 디지털 음원 발매가 많은 요즘은 쉽게 곡을 찾아볼 수 있으므로 꼭 확인하시기 바랍니다. 또한, 여러분이 원하는 장르의 작업 경험이 많은지 확인해 보는 일과 믹싱과 마스터링 중 어느 분야에 더 특화되어 있는지 체크해 보는 것도 중요합니다.

같은 엔지니어라도 힙합, 발라드, 일렉트로닉 등 장르별 작업 경험과 노하우가 제각각입니다. 곡을 이해하는 방향과 작업 방식에 따라, 믹싱의 결과물도 달라질 수 있으므로 이를 확인하는 과정이 반드시 필요합니다. 대개 믹싱과 마스터링은 한 명의 엔지니어가 도맡아 하는 경우가 많습니다. 여러 사람의 손을 타게 되면 아무래도 곡이 산으로 가기 때문에 믹싱과 마스터링을 한곳에서 맡기는 것도 답이 될 수 있습니다. 가장 좋은 방법은 녹음, 믹싱, 마스터링을 한 번에 할 수 있으면서 포트폴리오가 많은 스튜디오를 찾는 것이 바람직하며, 비용과 결과물 등을 따졌을 때 본인에게 가장 맞는 곳을 찾는 것이 관건입니다.

세 번째, 온/오프라인 커뮤니티에서 다수의 음악인들과 소통할 수 있는 채널을 이용하는 방법입니다. 인맥을 쌓는 일은 평소에도 매우 중요한데, 협업할 아티스트를 찾거나 엔지니어, 공연 기획자 등을 찾을 때도 커뮤니티가 큰역할을 합니다. 가장 대표적인 음악 커뮤니티로 큐오넷(Cuonet)과 뮬(Mule)이 있습니다. 음악인들 사이에서는 오래된 온라인 커뮤니티이기도 하며, 각종 음향 장비에 대한 정보 습득은 물론, 음악 활동에 도움이 되는 인맥을 찾는 데도 유용합니다.

이 밖에도 각종 네이버 카페와 밴드, 카카오톡 오픈 채팅 등을 이용하면 장르별 믹싱, 마스터링 엔지니어들을 쉽게 찾을 수 있습니다. 약간의 시간과 수고를 들여, 후기를 공유하는 가운데 필요한 인맥을 찾아 나갈 수 있을 것입니다. 음악을 만드는 일도 결국은 사람이 하는 일이므로, 온라인 채널을 통해 사람을 찾았더라도 오프라인에서 만나 몇 차례 작업을 진행해 보는 것이 좋습니다. 커뮤니티를 이용하면 홀로 감수해야만 하는 시간적, 비용적 실패 경험을 가급적 줄일 수 있다는 장점이 있습니다.

또한, 실제 작업물을 공유하는 과정 속에서 나의 경험치와 수준에 맞는 엔지니어를 찾게 됩니다. 나와 함께하는 음악 동료로서 인연을 유지해 나갈 수 있다는 점에서 틈틈이 커뮤니티를 이용하는 것은 의미가 있습니다.

한 가지 더 말씀드릴 점은 녹음, 믹싱, 마스터링은 매우 유기적으로 연결되어 있기 때문에 여러분의 '현재 음악 수준'에 맞는 엔지니어를 만나라는 것입니다. 아무리 유능한 엔지니어를 만나더라도 앨범을 기획한 여러분보다 방향성과 지향점을 더욱 잘 알 수는 없습니다.

다시 말해, 앨범을 만들기 위해 **여러분은 1개의 곡을 짧게는 며칠, 길게는 몇십 일에 걸쳐 듣지만, 엔지니어가 믹싱을 위해 투자하는 시간은 기껏해야 몇 시간 되지 않습니다.** 따라서 엔지니어의 실력도 실력이지만, 여러분이 만드는 곡의 의도를 가장 잘 전달할 수 있고, 그 부분을 충분히 캐치해 줄 수 있는 분을 만나는 것이 중요합니다.

믹싱의 기술적인 부분은 커뮤니케이션만 잘된다면 시간이 해결해 줄 수 있는 부분들이 많습니다. 그러므로 내가 원하는 수준을 가장 잘 반영해 주면서 편하게 다가갈 수 있는 엔지니어를 만나는 것이 가장 좋습니다.

4. 기본적인 믹싱 스킬 정도는 알고 소통하자

여러분이 직접 믹싱을 하지 못하더라도 기본적인 기술과 효과, 그리고 레퍼런스가 되는 곡들을 많이 알고 있으면, 의뢰할 때 개입을 할 수 있습니다. 이를 테면 "도입부에 쓰인 목소리를 기계음처럼 수정해 주세요."라고 요청하는 것보다, "도입부에 쓰인 이 부분을 국카스텐 1집 수록곡 〈거울〉에 쓰인 효과처럼 리버브와 디스토션을 써 주세요."라고 요청하면 한결 빠르게 수정이 이루어질 수 있습니다.

사실 믹싱 할 때 어떤 부분을 요청할 것인가 하는 것은, 대단한 이펙터 사용이라든지 기술이 중요한 것이 아니라, 평소 얼마나 '음악을 자주 유심히 들어왔느냐'가 큰 부분으로 작용합니다. 듣는 훈련이 잘되어 있는 사람들은 그 소리와 질감을 도구로 만들지만 못할 뿐이지, 충분히 의사전달 할 수 있기 때문입니다.

곡의 구성(song form)을 이해하고 있고, 레퍼런스가 될 만한 곡들을 충분히 알고 있으면 적어도 "이 부분은 이런 소리가 나게끔 해 주세요."라고 요청할 수 있습니다. 어떤 부분에서 어떤 소리가 나게끔 연출을 하고 싶으면, **그 연출에 쓰인 '레퍼런스 곡'을 찾아 들려주는 것이 첫 번째이고, 믹싱에 쓰인 용어를 알고 있다면** 좀 더 빨리 소통할 수 있습니다.

또한, 좋은 믹싱이란 보컬 소리가 작거나 악기 소리가 뜨거나 하는 방해요소들이 없고, 듣는 이로 하여금 믹싱을 했는지 안 했는지조차 알아채지 못하게끔 자연스레 한 것입니다. 따라서 엔지니어와 소통할 때 과한 효과를 넣기보다는 들었을 때 최대한 어색함 없게 요청하시면 됩니다.

좋은 곡을 꾸준히 반복해서 듣고, 나만의 레퍼런스 list를 만들어 두는 것이 첫 번째이며, 연출에 쓰인 기본적인 효과 몇 가지를 알고 있으면 믹싱을 의뢰할 때 수월하겠습니다. 아래는 믹싱에 쓰이는 가장 기본적인 효과(Effect)들입니다. 곡을 만들 때 다음 용어들 정도는 꼭 알고 소통하시기 바라며, 특별한 연출이나 난이도가 있는 수정을 원한다면 추가적인 학습을 하시길 권해드립니다.

참고: 믹싱에 쓰이는 기본적인 효과들(Effector)

- '목소리가 점점 울리면서 은은하게 퍼지게 해 주세요.' (리버브, 딜레이)

: 리버브는 일반적으로 잔향 효과를 의미한다. 흔히 일상에서 에코(Echo)라 불리며, 목욕탕이나 홀에서 울리는 것처럼 공간감을 줄 때 이 효과를 쓴다. 딜레이란 음을 인위적으로 지연시켜 한 번 또는 여러 번 들리게 하는 효과를 의미하는데, 메아리처럼 연주와 연주 사이 또는 목소리 사이에 딜레이를 주어 사운드를 연출할 수 있다.

- '이 부분에 고음이 튀는 것을 없애 주시고, 볼륨을 맞춰 주세요.' (컴프레셔, EQ)

: 컴프레셔는 음량 기준을 정해 놓고 제 각각인 음량들을 일률적으로 맞춰 주는 것을 뜻한다. 곡을 녹음하다 보면 일정 볼륨을 유지하다가, 갑작스럽게 특정 악기 또는 특정 목소리에서 커지는 경우가 발생하는데, 이런 부분들을 체크해 두었다가 부드럽게 들리도록 수정 요청할 수 있다.

이퀄라이저(EQ)는 특정 음역대의 주파수를 올리거나 내려 줌으로써 음색을 부드럽게 만들 때 쓴다. 흔히 저음역대가 약할 때는 저음역대를 키워 주고 고 음역대가 강할 때는 음역을 깎아 줄 때 EQ를 쓴다.

- '귀에 거슬리는 마찰음, 쇳소리를 줄이고 싶고, 특별한 효과를 넣고 싶어요.' (디에서, 오토튠, 디스토션)

: 디에서는 귀에 거슬리는 '스', '츠', '치' 등과 같은 치찰음을 발음할 때 나타나는 날카로운 쇳소리를 줄여 주는 역할을 한다. 또한, 특별한 전자 기계음처럼 들리게 하는 오토튠은 음을 보정하기 위한 용도로 쓰였으나, 혹이나 코러스에서 특별한 연출을 원할 때 의도적으로 쓰기도 한다. 디스토션은 일부러 소리를 왜곡시키는 효과를 말하는데, 마치 '확성기'에서 흘러나오는 듯한 일그러진 소리를 넣고자 할 때 이 효과를 쓸 수 있다.

5. 엔지니어에게 보낼 피드백은 '짧고 명확하게'

믹싱을 의뢰하면 짧게는 한두 번, 길게는 몇 차례씩 믹싱 결과물에 대해 아티스트와 엔지니어가 확인하는 절차를 거칩니다. 직접 엔지니어와 만나지 않고도, 믹스다운해서 추출한 파일(mp3, wav)을 이메일이나 카카오톡 같은 메신저를 통해 피드백을 주고받을 수 있습니다. 대부분 한 번 믹싱한 파일을 듣고 만족하는 경우는 없습니다. 첫 결과물은 주로 엔지니어가 생각한 바가 많이 반영되기 때문에, 이것저것 피드백 해 줄 사항들이 있지요.

그런데 엔지니어에게 피드백을 줄 때도 유의해야 할 사항들이 있습니다. 그것은 최대한 꼼꼼히 들어 보고 한 번에 정리해서, '짧고 명확하게' 전달해야 한다는 점입니다. 믹싱을 할 때 엔지니어 분들은 많이 예민해져 있습니다. 눈으로 모니터를 바라보고, 귀로는 작업물을 체크하면서 손으로 끊임없이 믹싱 프로그램과 툴들을 만져야 하기 때문에 '촉각을 곤두세운다'.라는 표현이 가장 적절할 것 같습니다.

엔지니어 입장에서는 한 번 믹싱하기로 마음 먹었을 때 초 집중해서 작업을 끝내길 원합니다. 따라서 피드백을 주는 입장에서는 최대한 애매모호한 표현을 피하고 한 번에 알아들을 수 있게끔 정리해 주는 것이 좋습니다. 이해를 돕기 위해 아티스트와 엔지니어가 서로 피드백을 주고 받는 상황을 각색해 보았습니다.

아티스트-엔지니어 간 불편한 피드백

엔지니어(이하 엔): 잘 지내셨지요? 믹싱 1차 파일 보내 드립니다.
   [파일-믹싱 1차]

아티스트(이하 아): 오, 이렇게나 빨리…ㅎㅎ 감사합니다. 얼른 들어 볼게요.

엔: 네 들어 보시고 천천히 피드백 주세요.

아: 빨리 들어 볼게요. 기대되네요.

엔: 네!

(15분 뒤)

아: 아, 제가 차 안에서 잠깐 들어 봤는데요. 뭔가 군데군데 좀 이상한 걸요? 귀에 거슬리는 부분도 있고요.

엔: 아니 벌써요? 네. 어느 부분이 그렇던가요?

아: 아 네! 우선 다 듣지 못했는데, 인트로에 디스토션이 좀 잘못 들어간 것 같아요. 그리고 훅(hook) 부분도 이상해요. 이런 걸 원한 게 아닌데….

엔: 디스토션이요? 구체적으로 어떻게… 혹은 어떻게 고쳐 드릴까요?

아: 네. 우선 디스토션은 좀 빼 주시구요. 더 들어 보고 말씀드리겠습니다.

엔: 네네….

(3시간 뒤 늦은 저녁)

아: 엔지니어 님. 다시 들어 보니 디스토션 부분은 괜찮은 것 같습니다. 그대로 두셔도 될 것 같아요. 그런데 아까 말씀드린 훅 이외에도 벌스…(중략)

엔: 죄송한데 이렇게 막무가내로 피드백 주시면 곤란합니다. 이미 인트로 디스토션은 수정이 된 상태고요. 어떤 부분이 어떻게 문제인지 한꺼번에 정리해서 주세요.

위와 같은 상황은 실제로도 심심치 않게 발생되고, 이러한 피드백이 반복되면 작업물이 엉뚱한 방향으로 가는 경우도 많습니다. 여러분들이 음원을 소중히 여기는 만큼, 엔지니어와 좀 더 빠르고 정확하게 소통하려면 그에 걸맞은 노력이 필요합니다.

아래는 엔지니어에게 피드백 해 주는 방법입니다. 꼭 기억하시기 바라며,

실제 믹싱 결과물에 대한 피드백을 주고받을 때 활용하시기 바랍니다.

엔지니어에게 믹싱 피드백을 하는 방법

- 전체 러닝타임[9] 중 믹싱에 문제가 있는 부분을 '시간 단위'로 체크해 기록하거나, 곡 구성(song form)의 '가사'를 직접 언급해서 요청한다.

(예) 1) 러닝타임 2:25~2:27 반복 치찰음 발생, 디에서 요청

2) 2절 'B' 부분의 가사에 "싸늘한"이 쌍시옷 치찰음이 너무 강함.

- 피드백 할 내용을 가급적 한 번에 모아 간결하게 정리한 뒤 전달한다.
애매모호하거나 상투적인 표현을 피하고, 레퍼런스 곡을 준비하여 명확하고 구체적으로 수정 요청한다.

- 유행, 트렌드를 맹목적으로 좇기보다, 본인 곡에 알맞는 사운드 연출과 이펙터를 상의한 뒤 사용을 결정한다.

6. 마스터링에서 이것만큼은 꼭 확인하자

마스터링은 믹싱이 끝난 곡을 상업 음반 수준으로 들리게끔 음압을 높여 주고, 음질을 보정해 주는 작업을 뜻합니다. 가장 쉬운 예로 이제 막 믹싱을 끝낸 여러분의 곡과 멜론, 애플 뮤직 등에 올라온 곡들을 비교해서 들어 보시면 이해가 빠를 것입니다. 어딘지 모르게 내 노래가 작게 들리거나 밸런스가 맞지 않게 들린다면, 마스터링을 하지 않았거나 수정이 필요한 것입니다. 사실 마스터링은 곡 1개만을 가지고 생각하기에는 좀 애매한 구석이 있습니다. 곡 1개의 특색과 완성도를 높이는 일은 믹싱만으로도 충분히 할 수 있기 때문입니다.

다시 말해, 마스터링은 여러 곡이 수록되는 EP나 정규앨범에서 곡 사이의 시간 간격과 음량 차이 등을 조정해 주는 일들도 포함됩니다. 과거의 마스터

9　러닝 타임(running time): 영화 상영 시간 또는 음악이 재생되는 시간

링은 현재의 마스터링과 조금 다르게 인식되었습니다. 여러 곡이 실린 앨범 위주로 음반을 만들게 되면, 음악의 감상도 앨범 단위로 이루어지기 때문에 첫 곡부터 마지막 곡까지 귀에 거슬리지 않게끔 음압, 음질을 맞추는 것에 초점을 두었습니다.

하지만 최근에는 앨범 단위로 음악을 듣기보다, 좋아하는 각각의 곡들을 선택하여 플레이 리스트 형태로 감상하는 것이 일반화되었습니다. 따라서 현재의 마스터링은 다른 음원들과 함께 들었을 때 이질감 없이, 음압을 맞추고 깔끔하게 들리게끔 작업하는 추세입니다. 마스터링도 믹싱과 마찬가지로 전문적인 엔지니어에게 의뢰하게 됩니다. 마스터링에 필요한 플러그인이나 세부 방식보다는 마스터링의 확인 과정에서 여러분이 꼭 체크해야 할 사항들을 추려서 요약해 드립니다.

① 마스터링을 마친 음원을 다양한 환경에서 체크하라

마스터링이 된 음원을 처음 받았을 때 가장 먼저 해야 할 일은 이어폰, 스피커, 카오디오 등에서 곡을 재생했을 때 밸런스 차이가 없는지 체크하는 것입니다. 같은 음원이라도 이어폰을 통해 들었을 때와 차 안에서 들었을 때 미묘한 차이가 있다면, 마스터링의 문제일 수 있으므로 수정이 필요합니다. 또한, 음원 서비스사에 유통되고 있는 다른 음악들과 비교해 음질이나 음압이 현저하게 떨어진다면, 엔지니어에게 그 사항들을 메모해 수정 요청토록 해야 합니다.

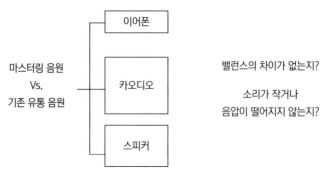

다양한 환경, 상황에서 음원 체크하기

마스터링 음원
Vs.
기존 유통 음원

이어폰

카오디오

스피커

밸런스의 차이가 없는지?

소리가 작거나
음압이 떨어지지 않는지?

② 단순히 음압만을 높여서 될 일인지 생각해 본다

요즘에는 한 곡만 내는 디지털 싱글이 대세다 보니 마스터링의 필요성에 의문을 제기하는 분들도 많이 생겼습니다.

"믹싱이 중요하지. 마스터링은 음량, 음압만 높여 주면 되는 거 아닌가?"

아티스트뿐만 아니라 엔지니어분들도 이런 말씀을 하시는 분들이 있습니다. 실제로 일반인들은 동일한 음원이라 할지라도, 작은 소리보다 큰 소리의 음질을 더 좋게 인지한다고 하니 어찌 보면 틀린 말은 아닙니다. 다른 음악보다 음압이 크면 사람들의 귀에 내 음악이 더 좋게 들릴 수도 있다는 사실은 아티스트에게 뿌리치기 어려운 유혹입니다. 그래서 마스터링을 의뢰할 때 무조건 음압을 최대치로 올려 달라 요청하게 되고, 한 간에서는 이를 **'음압 전쟁 (Loudness War)'**이라 표현하기까지 합니다.

음압 전쟁(Loudness War)

그런데 음압을 지나치게 올리면 전체 음악에서 소리가 가장 크게 나는 부분이 리미팅(압축)되고, 그 과정 속에서 주파수 밸런스가 망가지게 됩니다. 주파수 밸런스가 맞지 않으면 당연히 음악에 쓰인 악기 밸런스, 공간감, 음색도 변하게 되지요.

예를 들어 힙합 곡을 마스터링 할 때 장르 특성상 저음을 풍성하게 믹스하는 경우가 많습니다. 그런데 음압을 너무 높이면 소리가 깨지거나 피크가 생기고, 왜곡이 발생합니다. 마스터링 이후 소리가 더 좋아져야 함에도 불구하고 곡을 망치게 되는 것입니다. 따라서 이유 없이 단순히 음압만 높여 달라요청하는 것은 금물입니다.

③ 최종 결과물의 품질을 신중하게 고민하라

마스터링 사운드는 엔지니어의 노하우와 역량이 좌우하기도 하지만, 최종 믹싱 결과물의 품질이 큰 영향을 끼칩니다. 어찌 보면 당연한 이야기일 수도 있지만, 녹음과 믹싱에서 부족한 부분을 마스터링에서 모두 메꿀 수는 없습니다. 따라서 마스터링에서 음질, 음색의 보정이 어렵다면, 다시 원점으로 돌아가 재녹음을 한다거나 믹싱 트랙들을 손보는 것도 고려해야 합니다. 아티스트의 입장에서는 처음부터 음원을 손보는 게 힘든 결정일 수도 있지만, 엔지니어와 작업을 하면서 꼭 한 번 고려해야 하는 부분입니다.

마스터링을 끝내면 다음 절차는 음원 유통 준비이므로, 다시 음원을 수정하거나 손볼 수 없습니다. 따라서 최종 결과물의 품질을 신중하게 고민해야 하겠습니다. 마지막 결과물을 바라볼 때는 객관적인 입장에서 다른 동료 아티스트나 엔지니어의 피드백들을 귀담아서 들으십시오. 몇 번 마스터링을 거친 다음에도 음원이 좋지 않다면, 녹음을 다시 하거나 믹싱 작업을 다시 하는 것에 대해 두려워하지 않아야 하겠습니다.

앨범 커버 아트워크

앨범 커버는 아티스트의 의도와 앨범 주제를 가장 직관적이고 솔직하게 보여 주는 이미지입니다. 앨범이 발매되면 사람들이 가장 먼저 살펴보는 것이 자켓이기 때문에, 음원 외적으로 신경 써야 되는 부분이기도 합니다. 앨범 커버에 신경 쓰지 않는 아티스트들도 있지만, 온라인 스트리밍이 대세가 된 요즘은 스마트폰을 이용해 음악을 재생할 때마다 딱지처럼 따라 붙습니다. 하나의 시각적인 예술 작품으로 취급받을 수 있는 것입니다.

예전에는 간단하게 음원 제목 정도만 써서 디자인하는 경우가 많았습니다. 그런데 아래의 경우를 살펴보면 단순한 커버 수준이 아니라, 하나의 작품으로서 신경 썼음을 알 수 있습니다. 아래 앨범들은 음원도 명곡이지만, 커버 아트워크도 매우 훌륭해서 대중들에게 두고 두고 회자되었습니다.

작품성을 인정받은 앨범 커버들

벨벳 언더그라운드
〈The Velvet Underground & Nico〉(1967)

킹 크림슨
〈In The Court Of The Crimson King〉(1969)

핑크 플로이드
⟨The Dark Side Of The Moon⟩(1973)

너바나
⟨Nevermind⟩(1991)

최근에는 일러스트와 디자인을 전공해서 아트워크만 전문적으로 작업하는 분들도 많이 있습니다. 이 정도면 앨범 아트워크만을 위한 시장이 따로 생겼다고 해도 과언이 아닙니다. 또한 앨범 커버와 뮤직비디오를 하나의 콘텐츠로 묶어 홍보하는 일도 많아졌습니다. 영화를 개봉할 때 포스터와 티저로 대중들의 궁금증을 자아내듯이, 앨범을 발매할 때도 뮤직비디오 한 장면이나 스틸 컷을 앨범 커버에 활용함으로써 부가 콘텐츠를 동시에 홍보하는 것입니다.

사진과 텍스트만으로 앨범 주제와 스토리를 표현하기에는 제한 사항이 많으므로, 상상력을 보탤 수 있는 그림을 아트워크로 활용하기도 합니다. 일러스트레이터나 애니메이터 분들께 음악을 들려드리고, 곡의 주제를 담아 낼 수 있게끔 의뢰하는 것입니다.

앨범 커버를 제작하는 과정도 디자이너 또는 아트 디렉터와 커뮤니케이션이 잘 이루어져야 합니다. 음악의 주제와 기획 의도는 아티스트 본인이 가장 잘 알고 있지만, 한 장의 앨범 커버 속에 어떤 부분을 강조해서 담을지는 충분히 의논하는 것이 좋습니다.

아래는 앨범 커버를 제작할 때 유의해야 할 사항들입니다.

1. 규격에 맞추어 제작하라

처음 앨범 커버를 제작해 보면 가장 많이 하는 실수가 바로 규격입니다. 이 사실을 앨범 유통 직전에 알게 되는 분들이 많은데, 부랴부랴 뒤늦게 수정하기도 하고, 심한 경우 아트워크 귀퉁이를 잘라 쓰는, 웃지 못할 헤프닝이 벌어지기도 합니다. 처음부터 앨범 등록에 필요한 커버 규격이 '2,400×2,400 픽셀 이상의 정사각형'이라는 정보를 알았더라면, 이런 실수를 범하는 일이 없었을 것입니다. 간단한 사진으로 커버를 제작했으면 약간의 수고를 들여 다시 준비할 수 있습니다. 하지만, 그림으로 제작했다면 영영 돌이킬 수 없을지도 모릅니다.

특히 이런 실수는 비용을 지불하고 아트워크를 외부에 맡겼을 때 놓칠 수 있는 부분이므로, 작업에 들어가기 전에 분명히 전달되어야 합니다. 그림을 그릴 때도 약간씩 수정은 가능하지만 규격 자체를 변경해 달라고 한다거나, 작품 자체를 다시 그려 달라고 하는 것은 큰 실례이기 때문에 의뢰하는 여러분이 놓치지 말아야 할 부분입니다.

2. 오픈마켓과 재능 거래 플랫폼을 활용하라

앨범 자켓을 제작할 때 오픈마켓이나 재능 거래 플랫폼을 이용하는 것도 좋은 방법입니다. '크몽', '재능아지트', '숨고'가 대표적이며, 인터넷 포털 사이트에 '재능 거래'를 검색하면 다양한 플랫폼들을 확인하실 수 있습니다. 각 사이트에 들어가 '디자인' 메뉴를 클릭하면 아트워크를 제작해 주시는 분들을 확인할 수 있는데, 검색창에 '아트워크' 또는 '앨범 커버'로 검색하면 좀 더 쉽게 찾으실 수 있습니다.

재능 거래 플랫폼을 활용하면 두 가지 좋은 점이 있습니다. 첫 번째는 아트워크 제작자의 디자인 스타일을 확인할 수 있다는 점이며, 두 번째는 제작 견적을 비교해 볼 수 있다는 점입니다. 본인에게 맞는 스타일을 골라 적절한 비용으로 제작할 수 있다는 점이 재능 거래 플랫폼을 이용하는 가장 큰 이유입니다. 평균 단가는 5만 원에서 20만 원 선에 형성되어 있으며, 제작 의뢰 시 아트 워크 제작자가 참고할 수 있도록 앨범 주제와 음원 파일, 가사를 정리해 보내 주도록 합니다.

재능 거래 플랫폼

3. 직접 제작하는 것이 오히려 나을 수 있다

아트워크를 의뢰해 보면 생각하지 못했던 시행착오에 부딪힙니다. 첫 번째는 '어디에 어떻게 의뢰해야 하는가?'이며, 두 번째는 '의뢰해서 받은 산출물 (out-put)이 본인 마음에 드는가?'입니다. 인터넷 검색창에 '아트워크' 또는 '앨범 커버'를 쳐 보면 작품을 제작해 주는 분들이 많이 있지만, 생각했던 것과 달리 퀄리티가 떨어져 있을 수도 있습니다.

또한, 앨범 크레딧을 살펴보면 커버 아트워크를 담당한 디자이너의 이름과 필명을 확인할 수 있는데, 어렵게 그분들을 찾았더라도 의뢰 자체를 받아 주지 않는 경우가 있습니다. 어떤 경우에는 너무 유명한 분이거나, 해외에 있어서 맡기기 껄끄러운 경우도 있지요.

앨범 커버도 하나의 작품이고 창의력을 요하는 일이므로, 상업 음반에 쓰이면 높은 비용을 요구하거나 작업을 고사하는 분들도 있습니다. 높은 퀄리티의 작품을 원하는 경우 더더욱 그렇습니다. 그렇기 때문에 외주를 주지 않고 아티스트가 직접 커버를 제작하는 것도 한 가지 방법입니다. 어렵게 외부인에게 맡기기보다 조금 힘들더라도 앨범 취지에 맞게 본인이 손수 제작하는 것입니다.

실제로 앨범 방향과 주제를 본인이 가장 잘 알고 있기 때문에, 앨범 커버를 직접 작업하는 것이 오히려 나을 수도 있습니다. 작품 완성도에 대해 옥신각신 다툴 일도 없고, 작업 기간이 줄어드는 장점도 있습니다. 제가 발표한 앨범의 경우에도 아트워크를 직접 디자인 한 경우가 훨씬 많았습니다. 힘은 좀 들지만 기획부터 제작까지 손수 진행해 보니, 앨범 커버로 쓰였을 때 더욱 애착이 가기도 했습니다.

싱글 앨범으로 발표한 《흔적》은 저와 10년 넘도록 음악을 같이해 온 동료들이 느낀 감정들을 노래에 담았습니다. 앨범 커버도 이런 주제를 생각하며 직접 작업하다 보니 더욱 뜻 깊었던 곡입니다. 곡에 참여한 동료들의 사진을 모아 포토샵으로 제작하며 여러가지 작업 툴(tool)을 익히게 되었고, 예전 사진을 직접 고르면서 추억을 되새겼습니다.

EP 앨범 《자화상》은 어렸을 때 저의 모습을 직접 유화로 그려서 아트워크로 제작하였습니다. 앨범 전체를 관통하는 주제가 저의 과거, 현재, 미래를 담은 앨범이기도 했고, 어머니께서 필름 카메라로 찍어 주신 저의 모습을 붓으로 그린 다음 약간의 수정을 거쳐 앨범 커버로 활용하였습니다.

이처럼 앨범 커버를 직접 제작하면 비용도 줄일 수 있을뿐더러, 아티스트의 고민과 생각을 작품에 담아낼 수 있다는 장점이 있습니다. 또한 그림, 사진 등 본인이 지닌 특별한 재능을 활용함으로써 일석이조의 효과도 누릴 수 있습니다.

4. 앞으로의 홍보 활동과 연계시켜라

별것 아닌 것처럼 보일 수 있지만, 앨범 커버는 여러분이 만든 음악의 홍보와 밀접한 관련이 있습니다. 아시다시피 음악은 소리이고, 소리는 이렇다 할 물리적 형태를 가지고 있지 않습니다. 따라서 어떠한 형태로든 앨범을 듣는 사람들에게 음악을 느끼게 하고, 사게끔 욕구를 불러 일으키는 것이 좋습니다. 비틀즈의 명반 〈서전트 페퍼스 론리 하트 클럽 밴드(Sgt. Pepper's Lonely Hearts Club Band)〉의 커버를 디자인한 피터 블레이크는 이런 말을 남긴 적 있습니다.

"앨범 커버는 음반의 첫 순간이다. **앨범 커버야말로 그 뮤지션의 음악 세계로 들어가는 첫 번째 관문인 것이다.** 당신이 레코드 점에서 앨범을 집어 드는 순간 아직 음악을 아직 듣지 않았음에도 커버 이미지 때문에 늘 흥분한다."

레코드 점에 들어섰을 때 원래 사려던 음악도 아니고 알지도 못하는 뮤지션이지만, 묘하게 끌어당기는 아트워크의 매력 때문에 그 앨범을 집어 든 경험들이 있을 것입니다. 앨범 커버는 그 속에 대체 어떤 음악이 들어 있는지 듣지 않고는 못 견디겠다는 호기심을 불러 일으키는 매개체가 됩니다. 음악이 청각적인 상품이지만, 그 음악을 맛보기 전에 시각적으로도 사람들을 매료시킬 수 있는 것입니다.

뮤지션들은 앨범을 발매할 시점이 되면 다양한 형태로 홍보 활동을 합니다. 앨범 발매 몇 주전에 커버 아트워크를 공식 계정(홈페이지, 인스타그램 등)에 올리면서 앨범 제목을 볼 수 있게 하고, 기대감을 증폭시키기도 합니다. 앨범 발매 후에도 커버에 쓰인 아트워크를 포스터 제작과 굿즈(goods)에 활용할 수도 있습니다. 사진을 활용한 경우에는 가장 잘 나온 컷을 커버로 쓰고, 미처 실리지 못한 B컷과 추가 촬영 분들을 포스터와 기념품 제작에 쓸 수도 있습니다.

뮤직비디오 제작

기나긴 노력 끝에 앨범에 수록될 음원과 트랙리스트가 준비되면, '사람들로 하여금 어떻게 이 곡을 듣게 만들까?' 고민하게 됩니다.

음원 자체가 물론 좋아야 하겠지만, 대중들이 그 음원을 쉽게 찾아서 접할 수 있게끔 노력해야 합니다. 음원이 메인 콘텐츠라면 뮤직비디오, 라이브 영상, 커버 영상 등은 대중들이 쉽게 접근할 수 있는 서브 콘텐츠입니다. 앨범 발매 전에 촬영한 인터뷰 영상이나 앨범 소개 영상, 그리고 티저 영상과 메이킹 필름도 대중의 호기심을 자극할 수 있는 콘텐츠입니다.

이처럼 서브 콘텐츠를 만드는 일은 앨범을 알리는 수단인 동시에 오랫동안 음악을 찾아 듣게 만드는 요소입니다. 사실 영상을 제외한 콘텐츠들은 파급 효과가 굉장히 떨어집니다. 따라서 대표적인 서브 콘텐츠인 뮤직비디오의 제작 방식과 심의 절차에 대해 알아보고, 이러한 콘텐츠를 어떻게 활용할 것인지에 대해 살펴보도록 하겠습니다.

1. 뮤직비디오 제작은 어떻게 할까?

뮤직비디오(Music Video)는 음원에서 표현하지 못한 곡의 분위기와 아티스트의 세계관을 보여 준다는 점에서 종합 예술 콘텐츠라 할 수 있습니다. 뮤지션이 직접 출연하는 뮤직비디오가 일반적인 형태이나, 본인이 직접 출연하지 않고 일러스트 또는 애니메이션으로 영상을 만들기도 합니다. 또한, 가사가 중심이 되는 리릭비디오(Lyric Video)도 뮤직비디오의 한 형태인데, 메시지에 좀 더 집중하게끔 하고자 할 때 이러한 콘텐츠를 제작하기도 합니다.

여러 가지 형태의 뮤직비디오

일반 MV	애니메이션 MV	리릭비디오

여러분이 어도비 프리미어(Adobe Premiere)나 베가스(Vegas) 같은 프로그램을 능숙하게 다룰 줄 안다면 뮤직비디오를 손수 제작하는 것도 고려해볼 만합니다. 레코딩 스튜디오나 분위기 좋은 장소를 빌려 커버 영상 또는 라이브 영상을 찍는 것도 큰 비용을 들이지 않고 제작할 수 있는 방법입니다.

멜론이나 벅스 뮤직 같은 음원 사이트에 뮤직비디오를 올리려면, 사전에 영상물 등급 심의 절차와 유통 계약을 거쳐야 합니다. 계정만 있으면 누구나 이용할 수 있는 유튜브를 활용하는 것도 하나의 방법이겠지만, 기왕이면 음원 발매와 동시에 연관 콘텐츠로 뮤직비디오를 배포하는 것이 접근성 면에서도 좋습니다. 그렇다면 각종 뮤직비디오의 제작 방식에는 어떤 것들이 있는지 살펴보고, 뮤직비디오 등급 분류 기준과 심의 절차에 대해 세부적으로 알아보도록 하겠습니다.

① 아티스트가 직접 출연하는 뮤직비디오

가장 일반적인 형태로 뮤지션이 직접 출연해서 노래를 부른다거나, 곡의 콘셉트에 맞게 연기를 하는 뮤직비디오가 있습니다. 이런 영상의 경우, 외주 제작 스튜디오 또는 비디오그래퍼가 상당히 많기 때문에 조금만 관심을 기울이면 쉽게 찾을 수 있습니다. 요즘에는 외주 업체들의 특징과 포트폴리오, 견적을 모아서 비교해 주는 곳도 있으니, 꼼꼼히 따져 본 뒤 결정할 수 있습니다.

뮤직비디오 제작 업체 비교(예시)

A업체	B업체	C업체
• 특징: XXXXX • 견적: 100만 원 • 제작 이력 • 제작사 경쟁력	• 특징: XXXXX • 견적: 200만 원 • 포트폴리오	• 특징: OOOO • 견적: 250만 원 • 제작 경험

도움이 될 만한 사례를 소개해 드리면, 이 글을 쓰는 저도 뮤직비디오를 제작한 경험이 있습니다. 최초 다섯 군데의 업체를 소개받아 각 스튜디오의 영상 제작 경험과 포트폴리오를 살펴본 뒤, 감독님들과 미팅을 진행하였습니다.

뮤직비디오의 촬영 경험이 전무하다 보니, 비용도 비용이지만 의사소통이 잘될 수 있는 곳을 찾으려 노력했습니다. 가장 최근에 제작한 영상들에 어떤 것이 있는지 검토하는 것도 잊지 않았지요.

뮤직비디오 제작 절차는 크게 계약서 작성 → 콘셉트 회의 → MV제작 시안(콘티) 검토 → 촬영 → 편집 → 피드백 및 수정(1~2회) → 최종 납품 순으로 진행되었습니다. 대부분 앞에 언급한 순서를 따르며 음원이 마스터링을 거치지 않았더라도, 촬영 기간과 심의 기간을 고려해 좀 더 일찍 작업에 착수할 수도 있다는 점도 배웠습니다.

계약 단계에서는 뮤직비디오의 촬영 조건과 비용 등을 협의해서 확정 짓고, 어떠한 방향으로 제작할 것인지 콘셉트 회의를 거칩니다. 다음으로 세부적인 제작 콘티를 받게 되는데, 아래와 같이 촬영 콘셉트와 흐름을 볼 수 있는 시안을 받습니다. 그런 다음 정해진 스케줄에 따라 영상 촬영과 제작에 들어갑니다.

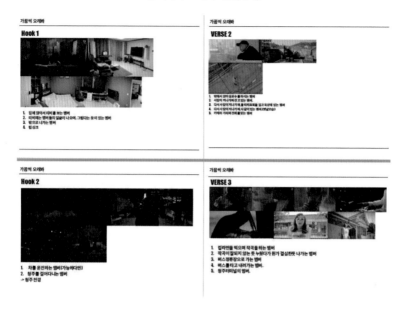

실제 본인이 뮤직비디오에 참여해 보면 많은 것을 깨닫게 됩니다. 전문 연기자가 아니다 보니 카메라를 응시할 때 어디를 어떻게 응시해야 하는지 감이 잘 안 잡히고, 자연스럽게 연기하는 것도 쉽지 않지요.

결론부터 말씀드리면, 연기나 드라마가 중심이 되는 뮤직비디오는 전공자나 경험자가 아니면 가급적 찍지 않는 것이 좋습니다. 노래 부르는 뮤지션의 가장 자연스러운 모습은 마이크 앞에 서서 노래를 하거나 악기를 다룰 때의 모습이고, 그 모습이 영상에 담겼을 때 자연스럽게 몰입할 수 있습니다.

꼭 직접 출연하길 원한다면 노래를 부르는 커버 영상 형태 또는 전문 연기자와 함께할 것을 추천해 드립니다. 아래는 아티스트가 직접 출연하는 뮤직비디오 제작 시 유의해야 할 사항들입니다. 신인 뮤지션들이 자주 겪는 시행착오를 여러분들은 부디 겪지 않길 바라며, 꼭 알아 두어야 할 사항들만 정리했습니다.

참고: 일반적인 MV 제작 시 유의사항

– 연기 중심의 촬영 콘셉트는 가급적 피할 것
: 노래, 랩, 악기 연주 등이 중심이 되는 라이브 또는 커버 영상이 제작도 간편하고 대중들의 몰입을 이끌어 내기 쉽다.

– 다양한 장소 촬영, 과한 동선을 요구하는 촬영을 피할 것
: 장소 섭외, 날씨 등 고려해야 할 사항이 늘고, 동선이 많을수록 촬영 시간 및 피로도가 높아진다.

– 솔로곡보다 단체곡 촬영이 더 어려움
: 여러 명이 동시 출연하는 단체 곡일 경우 분할 촬영, 대기 시간 등 고려해야 할 점이 많으므로 단순한 콘셉트가 좋다.

– 소요 예산 및 기대효과를 고려해서 신중히 결정할 것
: 뮤지션이 직접 출연하는 경우 메이크업, 의류, 장소 섭외비 등이 추가로 들 수 있으므로, 전체 예산과 기대효과를 생각해서 신중히 결정한다.

② 애니메이션 뮤직비디오와 리릭비디오

아티스트나 연기자가 직접 출연하지 않는 콘텐츠로는 애니메이션 뮤직비디오와 리릭비디오가 있습니다. 가사에 줄거리가 있으면서 시각적으로 본인만의 상상력과 창의력을 보태고 싶다면, 이러한 형태의 뮤직비디오가 좀 더맞을 수도 있습니다. 긴 설명을 드리는 것보다 여러분들이 직접 보고 느낄 수있을 만한 영상 두 편을 소개해 드리겠습니다.

애니메이션 뮤직비디오

첫 번째 영상은 피타입의 〈블루문 특급(Moonlighting)〉이라는 뮤직비디오이며, 두 번째 영상은 다이나믹듀오의 〈그 걸로 됐어〉라는 뮤직비디오입니다. 끝까지 보시면 아시겠지만, 두 영상 모두 굉장히 창의적으로 뮤직비디오를 제작하였음을 알 수 있습니다. 먼저 피타입의 〈블루문 특급(Moonlighting)〉은 세로 뮤비 형태로 제작되어 마치 마블 코믹스(Marvel Comics)의 히어로 카툰을 보는 듯한 느낌을 줍니다.

다이나믹듀오 9집에 수록된 〈그 걸로 됐어〉라는 뮤직비디오는 지난 20년간 자신들을 한결 같이 지켜봐 준 고마운 팬들을 위한 메시지를 애니메이션에 담았습니다. 그동안의 음악 활동을 떠올릴 수 있는 장면들과 추억을 되새길 수 있는 내용을 담음으로써 보는 이에게 큰 감동을 주었습니다.

이처럼 애니메이션 기반의 뮤직비디오는 음원 만을 통해서 느끼기 어려운 여러가지 이야기들을 시각적으로 묘사해 줌으로써 특별한 즐거움을 선사해 줍니다. 리릭비디오는 타이포그래픽 또는 가사의 나열을 통해 만들어지는 영상인데, 아티스트가 전달하고자 하는 메시지의 비중이 클 때 이러한 형태로 제작하곤 합니다.

애니메이션 뮤직비디오와 리릭비디오 모두 이를 제작해 줄 수 있는 애니메이터 섭외가 먼저입니다. 따라서 일찍 뮤직비디오 제작 방식을 결정을 하는 것이 좋습니다. 상대적으로 애니메이션 뮤직비디오는 아티스트가 직접 출연하는 뮤직비디오보다 제작을 의뢰할 곳이 적습니다. 또한, 개인적으로 활동하는 애니메이터가 많기 때문에 신중히 생각해 본 다음 결정해야 합니다. 부록에 가장 최근 발매한 제 앨범의 애니메이션 뮤직비디오도 상세히 소개해 드리겠습니다. 이러한 방식의 영상 제작 절차가 궁금하다면 참고하시면 되겠습니다.

2. 영상물 등급 심의 및 콘텐츠의 활용

뮤직비디오 제작 기간은 짧게는 2~3주에서 길게는 한 달 이상 소요됩니다. 간혹 음원 제작을 모두 마쳤더라도 뮤직비디오 제작, 심의 기간 때문에 발매일이 늦어지기도 합니다. 그런데, 영상 등급 심의 절차와 방법을 알고 있으면, 앨범 발매에 소요되는 기간을 역으로 산정해 볼 수 있습니다. 만약 여러분이 제작한 뮤직비디오를 온라인 음원 사이트에 정식 유통시키고자 한다면, 사전에 반드시 영상물 등급 심의를 통과해야 하므로 그 기간까지 포함시켜야 합니다.

영상물의 등급은 많은 분들이 아시는 바와 같이 전체, 12세, 15세, 청소년 관람불가 4개 등급이며, 영상 좌측 하단에 심의처 로고와 날짜, 우측 상단에 심의 등급을 표시해야 합니다. 또한, 이러한 표시는 영상물 재생 후 3초 이상 노출되어야 합니다.

영상물 등급 분류

구분	표기 방법
전체 관람가	녹색 바탕에 검정색 글씨로 '전체 관람가' 표기 또는 무 표기
12세 관람가	파란색 바탕에 검정색 글씨로 '12세 관람가' 표기
15세 관람가	노란색 바탕에 검정색 글씨로 '15세 관람가' 표기
청소년 관람불가	빨간색 바탕에 흰색 글씨로 '청소년 관람불가' 표기

영상물 등급 분류 신청은 영상물등급위원회(www.kmrb.or.kr)와 MBC, SBS, KBS 등 여러 방송국을 통해 할 수 있습니다. 심의 기간은 짧게는 3~4일, 길게는 2주 이상 소요되니, 앨범 발매일을 고려해 미리 준비하도록 하십시오.

2019년까지는 Mnet, ETN, SBS MTV, MBC 등 방송국에서 개인 자격으로도 간편히 심의를 받을 수 있었습니다. 그러나 이제는 음반제작등록 업체가 아니면, 개인적으로 접수를 받아 주지 않는 곳들이 많아졌습니다. 따라서 개인 자격으로 영상 등급 심의를 신청할 경우 영상물등급위원회에 직접 접수하시거나, 심의를 대행해 주는 곳에 맡기는 것이 좋습니다.

다시 말해, 뮤직비디오 등급 심의를 받고자 한다면 방송국 별로 개인 접수가 가능한 곳이 있는지 포털사이트에서 반드시 확인한 다음 접수하시기 바랍니다. 심의처마다 약간씩 차이는 있지만, 온라인 송출 목적의 심의를 위해 준비해야 하는 사항들은 기본적으로 다음과 같습니다.

① 영상물 등급 심의 신청서

② 뮤직비디오 심의용 DVD, HD Cam Tape 각 1개

  : 영상 파일 포맷

    [파일형태]: WMV or MPG or MOV

    [해상도]: 1920×1080

    [프레임(Frame rate)]: 29.97

③ 음원 파일(mp3 또는 wav)

④ 가사 텍스트 파일

위 절차를 거쳐 영상물 등급 분류와 심의를 마치고, 마스터링을 끝낸 음원 파일과 뮤직비디오 영상을 유통사에 보내면 정해진 발매일에 콘텐츠를 확인할 수 있습니다. 일반적으로 앨범 발매일에 맞추어 뮤직비디오가 공개되지만, 음원을 먼저 발표한 다음 뮤직비디오를 늦게 발표하는 경우도 있습니다. 이미 발표한 음원이 대중들에게 익숙해질 무렵, 시각적인 즐거움을 주는 동시에 다시 한번 앨범 발매를 상기시켜 주기 위함입니다.

영상으로 제작된 콘텐츠야 말로 대중들이 가장 기억하기 쉬우면서, 접근성이 높습니다. 이러한 이유 때문에 공식적인 뮤직비디오 외 후속 콘텐츠로 라이브 공연 영상, 커버 영상, 메이킹 필름 등을 연이어 발표하는 경우도 있습니다. 어떠한 형태든 여러 번의 시차를 두고 대중들에게 노출되면, 그만큼 음원을 듣는 횟수도 많아지므로 이러한 콘텐츠를 활용하는 것은 매우 효과적입니다. 영상 콘텐츠를 활용하는 시기는 굳이 정해진 것이 없지만, 앨범 발매 전후로 다음과 같이 노출시켜 홍보할 수 있습니다.

영상 콘텐츠 노출 및 홍보

앨범 발매 전 (D-14)	⇒	앨범 발매 (D-day)	⇒	앨범 발매 후

- 티저 영상
- 앨범 프리뷰 영상
- 뮤지션 인터뷰 영상

　　　　　- 뮤직비디오(MV)

　　　　　　　　　　　　- 공연 라이브 영상
　　　　　　　　　　　　- 각종 메이킹 필름

IX

음원 유통 계약

앨범 제작이 완료되면 멜론이나 벅스, 애플뮤직과 같은 음원 서비스 사이트에 발매될 수 있도록 준비해야 합니다. 그런데 앞서 나열한 온라인 음원 서비스사에 음원 파일을 보내 준다고 해서 앨범 발매가 되지는 않습니다. 음반 제작사나 소속사가 있더라도 음원 서비스사에 내 앨범이 나오게 하려면, 이곳에 유통을 해 주는 유통사와 계약 체결 후 유통 절차를 거쳐야 비로소 앨범이 발매될 수 있습니다. 즉 유통사는 음원 서비스사에 디지털 음원과 영상 콘텐츠 유통을 대행해 주는 역할을 하며, 인터넷에 '음원 유통사'를 검색해 보면 다양한 회사를 찾을 수 있습니다.

1. 어떤 음원 유통사를 선택해야 하나?

국내 대표적인 유통사로는 (주)카카오M과 (주)NHN벅스가 있으며, 포크라노스, 미러볼뮤직, 루미넌트엔터테인먼트 등이 있습니다. (주)카카오M과 (주)NHN벅스는 여러분들이 익히 알고 있는 음원 서비스사인 멜론과 벅스뮤직을 가지고 있습니다. 기본적으로 음원 유통을 할 때는 비용이 발생하지 않습니다. 유통사와 아티스트 간 계약 시 음원 수익의 일부를 수수료로 챙겨 가는 구조이므로, 인지도가 있는 큰 유통사를 찾기 마련입니다.

그런데 무조건 큰 유통사와 계약한다고 해서 좋은 것만은 아니므로, 본인에게 유리한 조건이 어떤 것들이 있는지 신중히 따져 보고 결정해야 합니다. 간혹 큰 유통사 중 앨범의 수준과 아티스트의 인지도를 고려해서 유통을 고사하는 일도 있습니다.

유통사의 선택 기준에는 여러가지가 있지만, 크게 **음원 수익을 어떻게 정산해 주느냐와 프로모션을 어떻게 지원해 주느냐**로 나뉩니다. 아래는 여러분이 유통사를 선정할 때 고려해야할 사항들입니다. 음원 유통사 선정과 계약

시 참고하시기 바랍니다.

① 음원 수익 분배율

유통사와 계약 시 가장 첫 번째로 살펴야 하는 것은 음원 수익 분배율입니다. 초기 유통 수수료 없이 계약을 맺는 것이 일반적이지만, 요즘은 유통사마다 정책이 다르기 때문에 꼼꼼하게 따져 봐야 합니다. 크게 아래 세 가지로 나뉩니다.

- 초기 유통 수수료 없이 음원 수익 분배
아티스트:유통사 = 8:2 또는 7:3

- 초기 유통 수수료를 받고, 아티스트가 유리하게끔 음원 수익 분배율 조정
아티스트:유통사 = 9:1 또는 8.5:1.5

- 초기 유통 수수료 없이, 프로모션에 필요한 부분(앨범 커버, MV제작 등)을 지원하고, 음원 수익 분배율 조정
아티스트:유통사 = 6:4 또는 7:3

위와 같이 음원 수익 분배율과 프로모션 지원 정책 등을 살펴 본인에게 유리한 유통사를 선택 할 수 있습니다.

② 앨범 프로모션

앞서 밝힌 바와 같이 ㈜카카오M이나 ㈜NHN벅스는 멜론, 벅스와 같은 인지도 있는 음원 서비스사와 연계되어 있기 때문에, 이런 유통사와 계약하면 앨범 노출 가능성이 높고 홍보 이벤트 등의 특수를 노릴 수도 있습니다. 어떤 아티스트들은 음원 수익 분배율보다 불특정 다수에게 본인 이름과 앨범이 노

출되는 것이 더 중요하다 판단할 수 있으므로 이런 부분들을 살피는 것도 중요합니다.

대표적으로 미러볼 뮤직, 루미넌트 엔터테인먼트, 큐오뮤직은 인디밴드나 힙합 등 특정 장르 음원 유통에 집중하는 유통사이며, 뮤즈플랫폼은 복잡한 유통 계약 절차를 온라인으로 간소화하여 많은 뮤지션들이 애용하는 유통사이기도 합니다.

큰 유통사가 아니더라도 아티스트 홍보와 앨범 프로모션을 적극적으로 지원해 주는 곳들도 많이 있습니다. 앨범 홍보를 위해 여러가지 보도 자료들을 써 준다거나 티저 영상, 아트워크 제작 등을 지원해 주는 유통사도 있습니다. 따라서 기회비용을 따져 본인에게 유리한 유통사를 찾아 계약하는 것이 관건이며, 담당자와 커뮤니케이션이 잘되는 곳을 찾는 것이 좋습니다.

③ 유통사를 자주 바꾸는 것은 금물

유통사마다 계약 방식이 다르고 음원 수익을 정산해 주는 방법도 다르므로 유통사를 자주 바꾸면 황당한 상황을 겪기도 합니다. 보통 유통사에서는 정산 금액이 5만 원, 10만 원 이상이 되었을 때 정산해 주는 경우가 많습니다.

아직 인지도가 없는 뮤지션의 경우, 매월 들어오는 음원 수익금이 많지 않으므로, 효율적으로 운영하기 위해 이러한 정책을 따르는 것입니다. 아티스트의 입장에서도 여러 유통사와 계약을 맺으면 당연히 음원 수익이 들어오는 곳도 여러 곳으로 분산되기 때문에, 가급적 한곳과 거래를 하는 것이 효율적입니다.

또한, 유통사를 한 곳으로 집중하게 되면 앨범 발매에 따른 프로모션 협의가 점점 수월해집니다. 최신 앨범 메뉴에 노출될 수 있도록 요청하기도 쉽고,

앨범에 대한 제안서를 유통사에 보내는 일이 잦아지면, 유통사 측에서는 한 번 더 신경을 써 주게 됩니다.

2. 음원 유통 준비와 계약 절차

유통사를 선정하였으면 계약을 위해서 음원 유통 자료를 준비합니다. 대부분의 유통사에서 온라인으로 계약을 진행하기 때문에, 필요한 자료를 미리 준비하고 계약 내용을 꼼꼼하게 숙지하면 누구나 쉽게 진행할 수 있습니다.

① 유통 계약서 작성

음원 유통 계약서에는 음원 수익 분배율과 정산금 지급, 유통 수수료 등이 명시되어 있습니다. 아티스트가 '갑'이며 유통사가 '을'이 되는데, 쌍방이 동의한 계약서를 날인한 이후 1부씩 나누어 갖습니다. 요즘에는 계약서를 서면으로 쓰지 않고, 온라인으로 대체하는 경우도 많으니 이 부분은 꼭 확인하시면 되겠습니다. 최초 계약서를 쓸 때 유통사에서 여러분의 신분증 사본과 통장 사본, 주민등록등본 등의 서류를 요청합니다. 추후 음원 수익 정산에 필요한 자료이므로 한 번만 제출하면 되는데, 소속사가 있는 경우에는 소속사의 사업자등록증 사본을 추가로 제출하면 되겠습니다. 계약서의 양식은 유통사마다 대동소이하며, 계약 기간은 통상 1~2년 단위로 갱신되지만 특이사항이 있는지 반드시 확인하셔야 합니다. 음원 유통 계약서의 예시는 다음과 같습니다.

음원 유통 계약서(예시)

디지털 콘텐츠 유통 계약서

주식회사 　　　　(이하 　　라 한다)과 　　　　　　　(이하 "B"라 한다)는 디지털 음원의 유통에 있어 상호간의 업무와 절차를 규정하기 위하여 다음과 같은 사항에 합의하고 날인하여 계약을 체결한다.

제 1 장 총 칙

제1조 (계약의 목적)
본 계약은 "B"가 기획, 제작하고, 저작권법상 음반제작자로서 저작인접권을 보유하고 있는 콘텐츠 및 디지털 음원(이하 "계약음원" 이라 한다.)의 유통권을 　　에게 계약기간 동안 양도함에 따라 그 "계약음원" 유통에 따른 등록, 유통, 마케팅/홍보 및 정산 등의 내용을 규정함을 목적으로 한다.

제2조 (용어의 정의)
이 계약서의 목적을 위하여 아래의 용어들은 설명된 것 같은 명백한 의미를 갖는다.
1. **"계약"**은 본 서비스 계약을 의미한다. (별첨 및 추후 합의되는 모든 서류를 포함한다.)
2. **"자산"**이라 함은 관련된 메타 데이터와 바이너리 파일로 구성된 독립된 트랙, 뮤직비디오 또는 링톤을 의미한다.
3. **"디지털음원"**이란 음원이 디지털형태로 전송, 복제, 저장되는 전자적 표시를 말하며, 파일의 형태는 불문한다.
4. **"콘텐츠"**란 "B"가 제공하는 "계약음원"과 관련된 메타 데이터, 아트웍, 마케팅 자료 및 모든 기타 보조 데이터를 포함하여, 디지털 유통을 위해 "B"가 플랫폼에 디지털 미디어 자산의 형태로 올리는 해당회사 자산을 의미한다.

이하 생략

제 2 장 계약의 내용

제3조 (계약의 대상)
1. 본 계약의 유통 대상이 되는 "계약음원"은 　　의 등록시스템 상에서 "B"에 의해 공급되고 허가되는 자산을 의미한다.
2. 1항을 포함 이후 추가되는 "계약음원"에 대하여는, 본 계약에 의거하여 "B"가 　　의 등록시스템에 업로드하고 동의한 본 계약서에 따라 그 효력을 발생하게 된다.
3. "계약음원"은 음원을 포함하여 뮤직비디오, 음반 인쇄물 및 해당 뮤지션의 초상, 그리고 "B"가 추가로 제공한 홍보 자료 등 일체를 의미한다. 뮤지션의 초상을 포함하여 전달된 콘텐츠는 유통을 촉진하기 위한 목적으로 사용할 수 있다.
4. "B"는 "계약음원"의 원활한 유통과 판매 촉진을 위하여 "계약음원"을 활용하는 것에 대하여 저작권자가 동의하였음을 보증하며, 이는 정산대상에 포함되지 않는다.

제4조 (계약의 범위)
1. "계약음원"의 유통범위는 국내, 해외 또는 전세계 유통을 "B"가 선택할 수 있다. 단, 상호 사전 합의에 따라서 일부 서비스를 제외하거나 추가할 수도 있다.
2. 전항에서 정하지 않은 범위에 대한 유통은 상호 협의 후 진행한다.

제5조 (계약 기간)
본 계약은 체결일로부터 2년으로 하며, 본 계약의 당사자 일방 또는 쌍방이 계약만료 1개월 이전까지 서면이나 전자메일로 계약종료 의사표시를 하지 않을 경우, 본 계약은 1년간 자동 연장된다. 새로운 "계약음원"의 계약이 이루어질 경우 등록일부터 그 음원의 계약은 유효하며 그 기간은 위와 동일한 방식으로 정해진다.

② 음원 유통을 위한 정보 입력

유통 계약서를 작성하였으면, 다음으로 음원 유통에 필요한 자료와 정보들을 입력합니다. 이런 기본적인 정보들을 모아 놓은 것을 **메타데이터 (metadata)**라 부르는데, 유통사에서는 이러한 메타데이터를 토대로 수많은 아티스트와 음원들을 관리를 하고 있습니다.

예전에는 유통사 담당자가 보내 준 별도의 엑셀 파일에 메타데이터를 작성하고, 음원에 대한 정보와 각종 자료들을 첨부해서 보냈습니다. 어느 한 가지를 빠뜨리거나 수정하는 일이 생기면 오랜 시간이 걸리곤 했지요. 요즘에는 유통사 홈페이지를 통해 아티스트가 직접 기본 정보를 입력하고, 자료를 업로드 할 수 있도록 바뀌었기 때문에, 어떤 사항들에 유의해야 하는지 아래 내용과 함께 살펴보도록 하겠습니다.

앨범 기본 정보 입력

위와 같이 앨범 정보에는 발매 지역(국내, 해외)과 아티스트 이름, 장르, 앨범 제목, 앨범 소개 등을 기입합니다. 또한, 아티스트의 사진과 앨범 커버 이미지를 함께 업로드 합니다. 이때 유의해야 할 점은 사진이나 이미지를 올릴때 유통사에서 요청하는 규격과 해상도에 맞추어 올려야 한다는 점입니다. 앨범 커버 제작에서도 설명해 드린 바와 같이 기본적으로 2,400×2,400 픽셀이상의 정사각형 JPG 또는 PNG 파일을 요구하므로, 규격에 맞지 않으면 등록이 어렵다는 점을 명심하십시오.

다음으로 앨범 소개 글의 중요성입니다. 피지컬 앨범이 대세였던 과거에 비해 점점 앨범 소개 글을 대충 쓰거나 아예 쓰지 않는 경우도 많아졌습니다. 그런데, 앨범 소개는 앨범의 제작 배경과 곡에 대한 해설을 쓸 수 있는 유일한 공간이므로 신경을 쓸 필요가 있습니다.

뒷부분에서도 설명드리겠지만, 앨범 소개 글과 홍보 제안서가 유통사에서 음원 서비스에 보내는 유용한 프로모션 자료가 될 수 있습니다. 다음으로 트랙 정보 입력과 음원, 뮤직비디오 파일 등록을 살펴보겠습니다.

앨범 트랙 정보 입력

위와 같이 곡 제목과 참여 아티스트를 입력하고, 음원 파일을 등록합니다. 음원 파일은 mp3 파일과 wav 파일 두 가지를 준비하면 되는데, 가끔 초고음질 서비스를 위해 FLAC, MQS 파일을 요구하기도 합니다.

또한, 트랙 정보 입력 시 ISRC코드와 UCI코드를 입력하도록 되어 있는데, ISRC코드란 International Standard Recording Code의 약자로 음원 식별에 사용되는 국제 표준 코드를 말하며, UCI코드는 Universal Content Identifier의 약자로 국가디지털콘텐츠식별체계를 뜻합니다. 이러한 코드 값은 음원 파일뿐만 아니라, 뮤직비디오 같은 영상 매체도 발급을 받아야 하는데, 2개 코드 모두 음악통합관리스템(MIMS)에 일괄적으로 신청한 뒤 발급받으시면 됩니다. (음악통합권리스템(MIMS): http://www.mims.or.kr)

다음으로는 뮤직비디오 등록입니다. 뮤직비디오는 선택 사항이므로 반드시 등록할 필요는 없지만, 영상물 등급 심의를 거친 뒤 유통사를 통해 제출하면 연관 콘텐츠에 실리게 됩니다. 끝으로 가사 등록과 발매일 협의입니다. 가사 등록은 아티스트 본인이 텍스트 파일을 업로드 하거나 온라인에서 직접 등록할 수 있는데, 가장 흔한 실수가 맞춤법, 띄어쓰기를 틀리거나 단락 구분을 하지 못한 경우입니다. 작은 부분이라 생각될지 모르겠으나 가사 등록 실수가 있으면 추후 수정이 어렵기도 하고, 음원 재생 시 눈에 띄는 부분이므로 각별히 주의를 기울여야 합니다.

이상으로 음원 유통에 필요한 모든 정보와 파일을 올리면, 유통사와 발매일 협의를 하게 됩니다. 보통 음원 서비스사와 유통사가 협의해서 앨범 발매일을 아티스트에게 통보해 주는데, 여러분이 직접 발매일을 결정할 수도 있습니다. 여러분이 특정 발매일을 염두에 두고 있다면, 최소 3~4주 전에는 유통사에 알리고 유통 계약 절차를 밟는 것이 좋습니다. 또한, 앨범 홍보에 유리한 날짜로 유통사와 협의하는 것도 한 가지 방법인데, 이는 홍보 및 사후관리에서 자세히 설명해 드리도록 하겠습니다.

3. 음원 수익 정산은 어떻게?

유통사와 모든 유통 계약을 마치고 발매일까지 확정 지었다면, 예정 발매일 낮 12시 또는 저녁 6시에 모든 음원 서비스 사이트를 통해 여러분의 앨범을 확인하실 수 있습니다. 온라인 음원 사이트를 통해 본인의 앨범이 발매되면, 그간의 노력들이 주마등처럼 스쳐 지나가며 가슴이 벅차 오릅니다. 누구보다 가장 먼저 앨범 소식을 확인하고, 음악을 들어 보는 사람도 아티스트 본인이지요. 앨범 정보가 맞게 올라와 있는지, 최신 음악 메뉴에 올라오지는 않았는지, 몇 번씩 확인하며 그날 하루를 숨가쁘게 보냅니다.

앨범 발매 후 한동안은 누가, 얼마나, 내 음악을 들었는지 궁금하기도 하고, 친한 지인이 내 음악을 들었다는 소식을 전해 주면 감사함을 표하기도 합니다. 그러다 앨범 발매 후 약 한 달이 지나면, 유통사로부터 음원 수익에 대한 정산 내역을 받게 됩니다.

매달 소액이라도 음원 매출 정산금을 받으면 좋으련만, 대부분 유통사에서는 일정 금액에 도달하지 않으면 수익금을 입금해 주지 않습니다. 대중적으로 널리 알려진 뮤지션이 아니면 한 달에 5만 원 이상 수익도 기대하기 어렵지요. 그래도 음원 수익이 어떤 비율로 어떻게 분배되고 정산되는지 꼭 따져 봐야 합니다.

유통사에서는 음원 서비스사에서 매출금을 수령한 뒤, 계약서에 명시된 분배율에 따라 수수료를 공제하고 나머지 금액을 계약자에게 입금해 줍니다. 매월 정산 내역은 유통사의 홈페이지나 이메일을 통해 안내해 주며, 일반적인 경우 정산 금액이 5만 원 이상 모일 때 지급해 줍니다. 기획사나 소속사가 있으면 유통사에 세금계산서를 발행해야 하며, 사업자가 아닌 개인이면 원천세 3.3%를 공제한 뒤 정산금을 지급받습니다.

이렇게 정산을 받으면 아티스트가 처음 느끼는 감정은 **수익을 얻었다는 '기쁨'과 음원 수익의 분배에 대한 '의구심'**입니다. 분명히 많은 사람들이 내 노래를 다운로드 받고 들어 준 것 같은데, 생각보다 음원 수익이 적다는 생각을 하게 되기 때문입니다. 그렇다면 여러분의 음원을 스트리밍하거나 다운로드 했을 때, 누구에게 얼만큼 수익이 돌아가는 것일까요? 음원 유통 수익의 분배구조를 살펴보면 다음과 같습니다.

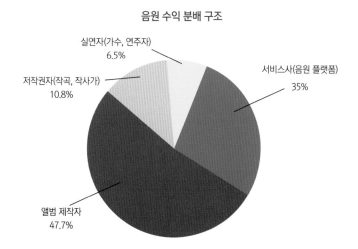

음원 수익 분배 구조

실연자(가수, 연주자)
6.5%

서비스사(음원 플랫폼)
35%

저작권자(작곡, 작사가)
10.8%

앨범 제작자
47.7%

우리가 음원 서비스사를 통해 노래 한 곡을 스트리밍 하면 약 7원의 이용료가 발생합니다. 이 중 서비스사의 지분 35%를 빼면 4.55원이 남게 되고, 제작자는 3.34원을 가져갑니다. 그런데 제작자의 몫에서 음원 서비스사에 음원을 유통해 주는 유통사는 수수료로 약 20%를 뗍니다. 이렇게 되면 제작자의 최종 몫은 2.67원이 되지요. 또한 저작권료는 0.76원, 실연권료는 0.46원 정도가 됩니다.

음원 다운로드의 경우, 음원 1개당 가격은 7입니다. 권리자와 서비스 사 간의 다운로드 수익 분배율은 70%:30%인데, 권리자 70% 중 제작자가 51.3%, 저작권자가 11.7%, 실연자의 분배율은 7%입니다. 즉 700원짜리 곡을 다운로드 받으면 권리자에게 490원이 정산되며, 이 중 유통 수수료를 제외하면 제작자의 몫은 288원, 저작권자는 82원, 실연자는 49원을 받게 되는 것입니다.

제작자의 경우 음원 수익을 음원 유통사를 통해 정산받고, 저작자의 저작권료는 한국음악저작권협회, 그리고 실연자의 실연권료는 한국음악실연자협회를 통해 정산받으실 수 있습니다.

보통 앨범 하나를 만들 때 제작사 없이 작사, 작곡, 연주, 노래를 아티스트 혼자 하는 경우는 드뭅니다. 그렇기 때문에 음원 수익 분배를 좀 더 자세하게 살펴보려면 저작권의 개념도 알고 있는 것이 좋습니다. 음원 저작권과 저작인접권에 대해서는 다음 장에서 한 번 더 다루도록 하겠습니다.

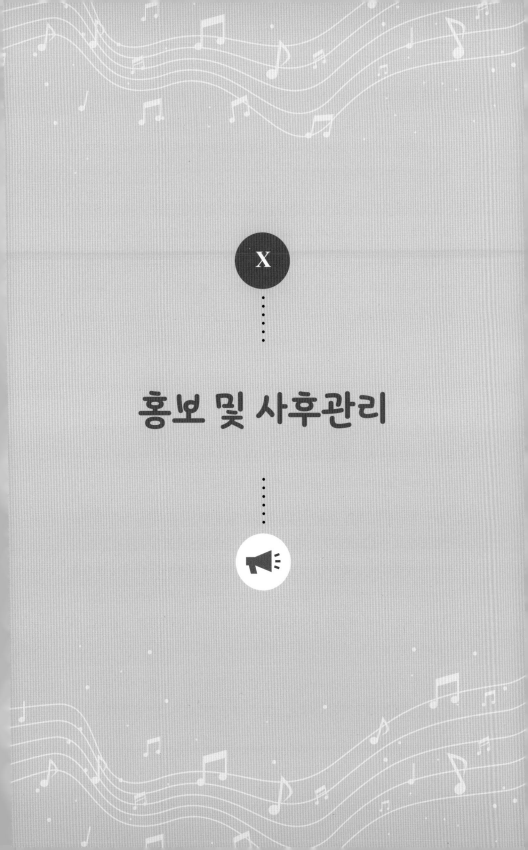

X

홍보 및 사후관리

앨범 발매를 위해 유통사를 선정하고 계약을 마치면, 그동안 음원 제작을 위해 쏟아부은 시간들이 생각납니다. 음악뿐만 아니라 도서 출판이나 전시회 등을 준비해 본 적이 있는 분이라면, 창작의 고통에서 빠져 나온다는 것이 얼마나 큰 기쁨인지 아실 것입니다.

'음악이 좋으면 사람들이 자연스레 알아주지 않을까?' 하는 생각은 뮤지션이라면 누구나 하게 되는 착한 바람입니다. 그렇기 때문에 오랜 시간 공들여서 앨범을 제작하고 녹음하는 것이겠지요. 남들이 OK해 주더라도 뮤지션 본인의 마음에 들지 않아 발매 시기를 늦추거나, 트랙 리스트에서 곡을 빼 버리는 일도 허다합니다. 그만큼 하나의 앨범이 나오기까지 여러 사람의 노력이 필요하고, 아티스트의 자존심이 허락하느냐 마느냐도 한몫합니다. 누구나 인정해 줄 한 음원이 나와야 할 테니까요.

여러분은 혹시 하루 평균 발매되는 최신 앨범의 수가 얼마나 되는지 생각해 본 적 있으신가요? 2013년부터 국내에서 발매되는 모든 디지털 음원에는 한국저작권위원회가 관리하는 UCI(국가표준디지털콘텐츠식별체계, Universal Content Identifier) 코드를 발급받아야 한다고 합니다.

하루에도 수백 개의 곡들이 UCI 코드를 발급받는다고 하니, 정식 유통을 거치지 않고 사운드클라우드, 유튜브 등에 공개되는 곡들까지 따져 보면 엄청난 양이 쏟아져 나오고 있는 것입니다. 디지털 음원 발매가 대세가 된 요즘은 멜론 등 대표적인 사이트 몇 곳만 둘러봐도 하루에 수백 곡씩 발표되고 있습니다. 최신 앨범 메뉴에 노출되는 앨범도 정오와 저녁 6시를 기점으로 수시로 바뀌곤 하지요.

상황이 이렇다 보니, 소속사가 없는 뮤지션들은 새로운 앨범이 나와도 금새 묻혀 버리는 경우가 많습니다. 그토록 고생해서 만든 음악들이 대중들의 귀에 들어가긴커녕, 나왔는지도 모르게 지나가는 것입니다.

이런 경험을 겪어 본 분들은 **음악을 잘 만드는 것만큼, 잘 알리는 것이 왜 중요한지** 뼈저리게 알고 있습니다. 홍보의 중요성을 뒤늦게 깨달은 뮤지션들은 음악을 잘 만드는 것이 먼저인지, 인지도를 쌓는 것이 먼저인지 딜레마에 빠지기도 하지요.

좋은 음악을 만들었더라도 대중들이 그 음악을 들어 주어야만 아티스트로서의 생명력이 유지될 수 있기 때문에, 프로모션은 떼려야 뗄 수 없는 운명인 것입니다. 여러분들이 힘들게 제작한 앨범을 홍보하는 방법과 사후 관리사항들에 대해 구체적으로 살펴보도록 하겠습니다.

1. '최신 앨범' 메뉴에 내 앨범 노출시키기

디지털 음원 발매 시 불특정 다수에게 앨범을 홍보하는 가장 효과적인 방법은 무엇일까요? 그것은 바로 음원 서비스 사 '최신 음악' 메뉴에 내 앨범이 뜨게 하는 것입니다.

멜론, 지니 뮤직 등 '최신 음악' 메뉴에 앨범이 노출됐다는 이유만으로, 많은 사람들이 내 음악을 한 번씩 들어 주는 것입니다. 멜론을 기준으로 '최신 음악' 메뉴에는 약 스무 개씩 앨범이 올라오는데, 정확히 낮 12시, 저녁 6시에 업데이트 됩니다.

내 앨범도 최신 앨범에 노출되면 좋으련만, 앨범을 냈다고 해서 아무나 최신 앨범 메뉴에 올려 주지는 않습니다. 하루에도 몇백 개씩 디지털 음원들이 쏟아지기 때문에, 음원 서비스사에서 앨범을 하나씩 듣고 평가해서 올려 주는 것도 아닙니다. 최신 앨범 메뉴에 노출되지 않는다면 적어도 '장르별 최신 음악'에라도 노출되는 것이 좋은데, 이는 음원 서비스사가 여러 유통사의 추천을 받아서 선별합니다. 그러므로 어떻게든 유통사에 본인 앨범을 어필하는 것이 좋은데, 이때 활용할 수 있는 것이 바로 '앨범 소개', '뮤지션의 포트폴리오', '뮤직비디오'입니다. 즉, 유통사를 통해 음원 서비스사에 여러분의 앨범을 홍보해 줄 수 있도록 프로모션 자료를 보내 주는 것입니다.

앨범 소개에는 모두가 알고 있을 만한 유명한 참여진이 있으면 크레딧에 상세히 기재해 주는 것이 좋습니다. 또한 포트폴리오에 본인을 드러낼 만한 이력(방송, 보도자료 등)이 있으면 빠짐 없이 적습니다. 이와 더불어 서브 콘텐츠로 제작한 뮤직비디오가 있으면 음원 서비스사에 추천해 줄 때 좀 더 효과적입니다.

최신 음악 메뉴에 노출 일정은 음원 서비스사와 유통사에서 함께 조율합니다. 유통사에서 발매 노출에 유리한 날짜를 아티스트에게 통보해 주면 발매일을 그 날짜에 맞추는 것도 한 가지 방법입니다.

2. SNS는 가장 기본적인 홍보 수단

요즘은 누구나 SNS 계정 하나쯤은 가지고 있기 때문에 SNS 채널을 이용한 홍보는 가장 간편하면서도 효과적인 홍보 방법입니다. 지금 당장 앨범 발매를 하지 않더라도 뮤지션 개인의 일상이나, 고민, 음악 활동을 준비하는 모습들을 보여 주면서 친근감 있게 소통할 수 있습니다. 평소 근황을 주고받는 것은 물론이고, 도움 받을 수 있는 여러 인맥(프로듀서, 작곡가, 엔지니어 등)을 알아두고 꾸준하게 소통하는 것이 필요합니다. 인스타그램(Instagram)의 경우, 인당 최대 5개까지 계정을 생성하고 관리할 수 있으므로, 사생활 공개를 꺼려 하는 분들은 음악 활동만을 위한 별도 계정을 만들기도 합니다. 아래는 대표적인 SNS 채널들입니다. 여러분의 음악을 들어줄 분들과 즉시적인 커뮤니케이션이 이뤄지는 공간이므로, 요긴하게 활용할 수 있기를 바랍니다.

① 인스타그램

인스타그램은 페이스북, 트위터, 텀블러 등 다른 소셜미디어와 연동해서 쓸 수 있고, 포스팅도 자동으로 연결되므로 가장 대표적인 SNS입니다. SNS활용에서 중요한 요소는 유저의 연령층, 참여율, 그리고 접근 가능성인데 디지털 음원의 수요가 대체로 젊은층임을 고려할 때 이 세 가지를 모두 충족하는 것이 바로 인스타그램입니다.

인스타그램의 장점

젊은 연령층	높은 유저 참여율	높은 접근 가능성

2019년 닐슨코리아 통계에 따르면 국내 인스타그램 유저는 20대가 46%, 30대가 34%이며, 여성은 53%, 남성은 47%로 고루 분포하고 있습니다. 또한, 참여율(Engagement)=(좋아요+댓글) / 팔로워 수로 따져 보았을 때, 인스타그램의 유저 참여율은 4.21%로, 페이스북 0.07%, 트위터 0.03%과 비교했을 때 매우 높은 비율을 차지하고 있습니다.

대부분의 이용자들은 DM으로 소통하고 그들의 관심사를 해시태그를 이용해서 정보를 얻기 때문에, 게시글을 올릴 때 적절한 태그를 달아 주면 콘텐츠 노출 기회가 늘어나고, 팔로워를 늘릴 수 있다는 장점이 있습니다.

사실 뮤지션의 입장에서는 누구나 쉽게 접근할 수 있고, 간편하게 소통할 수 있는 창구가 필요합니다. 인스타그램은 프로필 영역에 URL 링크를 남길 수 있고, 유튜브나 사운드클라우드 등 다른 채널에 접속하는 일종의 소개 페이지 역할을 합니다. 대형 소속사나 레이블 없이도 인스타그램이 홈페이지 역할을 하므로, 여러분의 앨범 발매 소식을 전달해 줄 수 있는 것입니다.

아래와 같이 타일형 UI를 쓰기 때문에, 여러 사진들이나 이미지를 직관적으로 게시할 수 있다는 점도 인스타그램의 특징입니다. 인스타그리드(insta-grid)라는 어플을 이용하면, 새로 발매한 앨범 커버 이미지나 프로필 이미지를 3분할, 9분할 등으로 잘라 감성적으로 게시할 수 있습니다. 또한 스토리와 하이라이트 기능을 이용해 특별히 소개하고 싶은 내용들을 공지할 수도 있습니다.

인스타그램(INSTAGRAM)

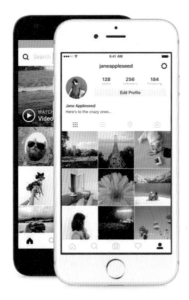 

② 사운드클라우드와 유튜브

사운드클라우드는 앞서 여러 번 언급했던 것처럼, 뮤지션들이 음원을 쉽게 공유할 수 있는 최적의 플랫폼입니다. 2008년 독일에서 스트리밍 서비스를 시작해 현재 약 1억 명 이상의 사용자를 보유하고 있으며, 1200만 명 정도가 창작자로 활동하고 있습니다. 무료로 쓸 수 있지만 유료로 결제하면 좀 더 많은 서비스를 이용할 수도 있습니다. 사운드클라우드는 전 세계 무명 뮤지션들에게는 가장 쉽게 이름을 알릴 수 있는 아지트 같은 곳이자, 음반 기획자들에게는 신예 아티스트를 발굴할 수 있는 훌륭한 공간입니다.

어떤 소속사 대표나 유명 프로듀서의 경우, 사운드클라우드에 올려진 무명 아티스트의 곡을 듣고 감상평을 남기기도 합니다. 사운드클라우드에는 대부분 비상 업적 용도로 만든 데모(demo)곡이나 믹스테이프 등이 많기 때문에 곡을 올리는 뮤지션이나 리스너들이 부담 없이 접근할 수 있습니다.

사운드클라우드의 가장 큰 장점은 러닝 타임이 짧거나, 습작으로 만든 곡들도 올릴 수 있다는 것입니다. 또한, 스트리밍은 물론 음원 파일을 다운로드할 수 있도록 게시할 수 있다는 점도 너무나 큰 강점입니다. 뮤지션의 입장에서는 정식으로 음원 유통을 하지 않아도 본인을 알릴 수 있는 기회의 플랫폼인 것입니다.

한편, 유튜브는 세계 최대 규모의 비디오 스트리밍 사이트로 뮤직비디오 배포는 물론 갖가지 영상들을 공유할 수 있는 곳입니다. 영상이 메인 콘텐츠인 곳인지라, 음원을 올리려면 영상 형태로 컨버팅해서 업로드 해야 합니다.

유튜브에 올려진 영상들은 불특정 다수의 대상에게 무료로 제공됩니다. 따라서, 앨범 발매와 동시에 앨범에 수록된 음원들을 모두 영상 형태로 올려 홍보에 쓰는 분들도 있습니다. 인스타그램과 마찬가지로 해시태그(hashtag)를 효과적으로 이용하면 콘텐츠 노출이 쉽고, 많은 구독자를 거느린 유튜버들의 경우 홍보 특수를 노릴 수 있으므로 유용하다 하겠습니다.

또한, 유튜브 라이브를 통해 공연 영상을 실시간으로 송출할 수 있다는 점과 채팅창을 이용해 여러 사람과 편하게 소통할 수 있다는 점도 유튜브만의 매력이라 할 수 있겠습니다. 반드시 음악 관련 활동이 아니더라도, 브이로그(Vlog)처럼 뮤지션 본인의 일상을 찍어 올리는 것도 하나의 볼거리입니다. 영상 콘텐츠를 업로드 하는 방법도 무척 쉽고, 여러분을 대중들에게 끊임없이 각인시킬 수 있는 방법이므로 홍보에 적극 활용해 보시기 바랍니다.

유튜브 라이브

유튜브 라이브를 통해 실시간 영상 송출이 가능하다.

3. 웹 커뮤니티와 뮤지션리그, 소규모 기획 공연

불특정 다수가 모여 있는 네이버 카페나 밴드, 웹 커뮤니티 등을 통해서도 최신 정보를 얻거나 앨범을 홍보할 수 있습니다. 이제 갓 음악 활동을 시작한 뮤지션의 경우, 예전부터 알고 지낸 지인이나 친구들 외에는 홍보할 대상이 없습니다. 그러므로 음악 커뮤니티에서 활동하며 이름을 알리고, 이러한 네트워크로 맺어진 인맥들과 함께 기획 공연을 추진해 보는 것도 필요합니다.

① 웹/모바일 커뮤니티와 뮤지션리그

웹, 모바일을 이용한 커뮤니티 채널로는 특정 장르의 전문가 집단이 모여 운영하는 웹 매거진이 있습니다. 또한 여러 뮤지션들이 앨범 정보와 공연 기획 등의 정보를 공유하는 카페, 밴드 등이 대표적입니다.

웹 매거진에는 최근 발매된 유명 뮤지션의 앨범 소식과 인터뷰, 그리고 평론가들의 리뷰를 접할 수 있습니다. 이곳을 통해 우리는 관심 있는 장르의 최신 트렌드와 동향을 살펴볼 수 있습니다.

'리드머'나 '힙합엘이' 등이 흑인음악 장르에 있어서는 대표적인 웹 매거진입니다. 이 밖에도 멜론 매거진이나 지니 뮤직 매거진, 미러볼뮤직의 케이인디차트 등을 통해서도 장르별 최신 음악 동향과 뉴스를 접해 볼 수 있습니다.

흑인음악 웹 매거진: 리드머, 힙합엘이

* 출처: 리드머(RHYTHMER)

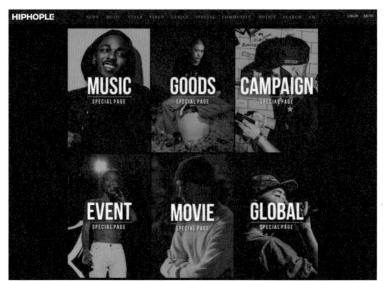

* 출처: 힙합엘이(HIPHOPLE)

과거 10년 전까지는 게시판 글과 댓글 등 일방향 소통이 중심이 되는 카페가 유행하였습니다. 그러나 이제는 카카오톡 오픈 채팅이나 밴드 등을 통해 불특정 다수를 대상으로 실시간 음원 피드백과 정보 공유가 가능해졌습니다. 따라서 여러분이 하고 있는 음악 장르의 대표적인 카페 몇 곳과 오픈 채팅방을 알아두는 것도 좋습니다. 아래와 같이 필요할 때마다 피드백을 받는다거나 궁금한 사항들을 문의하는 창구로 채널을 활용하시면 되겠습니다.

실시간 소통에 용이한 오픈 채팅

또한, 네이버 뮤직에서 제공하는 '뮤지션리그'를 활용하는 것도 좋은 방법입니다. 뮤지션리그는 싱어송라이터, 밴드, 작곡가 가릴 것 없이 음악 창작자라면 누구나 쓸 수 있는 홈페이지 같은 곳입니다. 뮤지션이 직접 페이지를 관리하고 꾸밀 수 있으며, 팬들과 소통할 수 있다는 점에서 장점이 꽤 많습니다.

뮤지션리그는 앨범 발매의 여부와 상관없이, 홍보에 목이 마른 중견 뮤지션들이나 아마추어 뮤지션들에게 기회를 열어 주고 있습니다. 아래와 같이 음원 차트를 제공해 주는 것은 물론, 상위 30팀 내에 들면 창작 지원금을 제공한다는 점이 이곳만이 지닌 메리트라 하겠습니다.

네이버 '뮤지션리그'

한편, 네이버 뮤지션리그는 한국콘텐츠진흥원(KOCCA)이나 다양한 단체
들과 함께 신인 뮤지션을 지원하는 '창작 지원 프로젝트'를 여러 해 동안 적극
적으로 추진하고 있습니다. 순위권 내에 들면 신인 뮤지션들에게 스튜디오뿐
만 아니라, 공연 무대와 앨범 발매, 홍보까지 지원해 주는 큰 기회이므로 여
러분도 적극 동참하고 참가해 볼 필요가 있습니다.

② 소규모 기획 공연

요즘에는 꼭 소속된 곳이 없더라도 마음 맞는 뮤지션들끼리 소규모로 기획 공연을 추진할 수 있습니다. 인지도가 부족한 입장에서 단독 공연을 한다거나 쇼케이스를 추진한다는 것은 부담이 있으므로 적게는 3팀, 많게는 5~7팀 정도 모여 공연을 하는 것입니다.

기획 공연을 하면 같은 장르의 음악을 하는 뮤지션들을 만나 인맥을 쌓을 수 있습니다. 공연장을 찾은 사람들도 다양한 뮤지션의 공연을 한 자리에서 볼 수 있으니 서로 WIN-WIN이라 하겠습니다. 이러한 소규모 기획 공연을 위해서는 다음 사항들을 준비해야 합니다.

- 공연 콘셉트와 참여 팀 결정, 페이 지급
- 공연장 대관(음향 장비 체크, 대관료 확인 등)
- 포스터, 티켓 제작(필요한 경우 예매 홈페이지 제작 포함)

공연 주최 측에서 음악인들이 자주 모이는 커뮤니티를 이용해 공연 콘셉트와 페이 지급 등의 가이드라인을 제시하고 뮤지션들을 모집합니다. 큐오넷이나 뮬(Mule)이 가장 대표적인 커뮤니티이니 섭외 시 참고하십시오.

실제 공연을 기획해 보면 뮤지션 섭외에 상당한 어려움을 겪습니다. 한 가지 팁을 드리면, '공연라인업'이라는 스마트폰 앱 플랫폼을 활용하는 것입니다. 공연라인업은 공연에 필요한 여러 뮤지션을 섭외할 수 있는 앱(app)으로써 여러분이 직접 공고를 올리거나, 뮤지션들에게 실시간으로 대화를 요청할 수 있습니다.

뮤지션 섭외 앱 '공연라인업'

따뜻한 가사와 포근한 감성

- 장르 : 공연팀 > 음악 > 보컬&싱어송라이터
- 공연시간 : 40 분
- 편성인원 : 1 명
- 기준지역 : 서울
- 공연비 : 200,000 원 (vat별도)

📊 최근 섭외 현황

VIDEO

PORTFOLIO

2015년 9월~ 스타필드 코엑스 버스킹
2016년1월2일 홍대 복합 문화공간 TOOM 김광석 트리뷰트
2016년4월24일 Heimish compilation 앨범 발매 기념 콘서트

더보기

위와 같이 아티스트로 여러분을 등록하면서 짧게 소개할 수 있는 페이지가 있으며, 사진과 유튜브 동영상 등 미디어 정보를 등록하여 홍보할 수도 있습니다.

공연라인업의 가장 큰 특징으로는 힙합, 밴드 등 장르 선택을 한 뒤 개최할 공연의 종류를 선택할 수 있고, 공연비도 직접 책정할 수 있다는 점입니다. 여러분이 직접 책정한 공연비의 10%가 부가세로 붙어 최종 섭외비가 됩니다. 공연 시간과 음향기기 준비 여부 등의 추가 옵션을 선택하고, 정산 계좌를 등록하면 아티스트 등록이 완료됩니다.

이 외에도 공연 홍보를 위해서는 공연의 취지와 일정, 라인업을 소개하기 위한 포스터 제작이 필요합니다. 그런데 이 부분은 디자인의 영역이기 때문에 직접 제작에 자신이 없다면 외주를 맡기는 것이 현명합니다. 요즘에는 공연 소식을 알리면서 간단히 인스타그램 DM이나 온라인을 통해 예매를 진행하기 때문에 종이 티켓은 꼭 필요한 경우에만 제작하는 것이 좋습니다.

위와 같이 공연을 주최하면 신경 써야 할 것들이 한두 가지가 아닙니다. 따라서 처음부터 직접 기획하기보다 다른 분이 주최하는 공연 참여에 관심을 두도록 합니다. 경우에 따라서는 공연 기획을 전문적으로 하는 회사의 도움을 받아 진행토록 해야 하겠습니다.

4. 컴피티션 및 각종 지원 사업 프로그램 참가

특정 기업이나 단체에서 상금과 음반 제작 지원 등의 혜택을 제공하는 컴피티션에 참가하는 것도 여러분을 알릴 수 있는 기회입니다. 아티스트끼리 공연을 통해 경쟁해서 승패를 가린 뒤 리워드를 지급받는 방식인 컴피티션은 주최 측의 성격과 프로그램의 목적에 따라 지원하면 큰 경험이 됩니다.

일정 순위권 내에 들면 앨범 제작 지원, 방송 출연, 해외 진출 등의 혜택을 받을 수도 있습니다. 아쉽게 입상하지 못했더라도 컴피티션 홍보 페이지 등을 통해 일반인들이 투표를 하는 과정을 거치므로, 여러분의 이름을 알릴 수 있는 기회가 마련됩니다.

이 밖에도 각종 공모전이나 페스티벌에 참가하는 방법도 있습니다. 음악 공모전이나 페스티벌에는 신인 발굴을 위해 업계 관계자들이 직접 심사하거나, 프로모터들이 다수 방문합니다. 매년 국내에서 한국콘텐츠진흥원(KOC-CA)과 EBS, KT&G를 비롯한 여러 기관과 문화재단들이 아마추어 뮤지션들을 지원하기 위한 사업을 개최하고 있습니다.

한국콘텐츠진흥원의 '서울국제뮤직페어(MU:CON)'와 경기콘텐츠진흥원의 '인디스땅스'가 대표적이며, EBS 〈스페이스 공감〉과 콘진원이 함께 주관하는 EBS 〈헬로루키〉도 많은 신인 뮤지션들이 선망하는 등용문입니다. 이러한 사업과 프로그램들은 성격이 조금씩 다르긴 하지만, 신인 뮤지션을 발굴해서 그 들의 앨범 발매와 공연을 지원해 준다는 것에 큰 목적이 있습니다.

대표적인 컴피티션과 지원 사업 프로그램

5. 아티스트의 커리어 관리

여러 차례 앨범을 발매하고 음악 활동을 하였다면, 여러분도 이제 엄연한 가수입니다. 정신 없이 음원을 내고, 공연을 다니는 것 외에도 앞으로의 활동을 위해 틈틈이 챙겨야 하는 것들이 있습니다. 바로 '커리어 관리'와 '저작권 관리'입니다. 먼저 커리어는 여러분들의 활동 기록을 남기는 일과 이미지 관리 등을 뜻합니다. 전문 가수가 아니면 소속사, 매니저가 없기 때문에 이런 것들을 직접 관리해야 합니다. 뮤지션도 끊임없이 대중들에게 자신을 알리고 어필해야 하기 때문에, 공식 프로필과 포트폴리오, 사진 등이 없으면 초라해지는 경우가 많습니다.

예를 들어, 어떤 공연 기획자나 뮤직비디오 감독을 여러분이 처음 만난다고 가정해 보겠습니다. 음원 사이트를 돌아다니며 본인이 누구인지 어떤 곡을 냈는지 설명하기보다, 본인 이력이 올라와 있는 홈페이지를 알려주면 편할 것입니다. 일반인이 할 수 있는 가장 기본적이면서도 손 쉬운 커리어 관리 방법은 두 가지가 있습니다.

첫 번째는 사람들이 자주 찾는 **인터넷 포털 사이트에 자신의 프로필**을 올리는 것입니다. 두 번째는 자신의 음악 활동과 관련된 **포트폴리오를 작성해 두는 것**인데, 구체적인 방법은 다음과 같습니다.

① 인터넷 포털 사이트 프로필 등록

대표적인 검색 포털 사이트인 네이버와 다음은 일반인들도 직접 참여해서 프로필 등록을 할 수 있도록 서비스를 제공합니다. 두 사이트 모두 등록 방법과 절차가 비슷하기 때문에, 이 책에서는 네이버 인물 정보 등록 방법만 다루겠습니다.

아래와 같이 검색창에 '네이버 인물검색'이라는 단어를 치면 동명의 웹 사이트가 나옵니다. '신규등록' 메뉴를 누르고, '인물검색 본인 참여 시스템'을 클릭하면 다음과 같은 별도의 창이 열립니다.

네이버 인물검색 등록 서비스

'인물정보 등록신청' 버튼을 클릭하기 전에 아래 메뉴를 살펴보면, '인물정보 등재 기준 안내'와 '제출서류 안내'를 확인할 수 있습니다. 여러분이 신청하면 보통 2일 내에 네이버 고객센터에서 등록이 완료되었다는 메일을 받게 됩니다. 누락된 정보가 있으면 수정 요청을 할 수 있고, 수정 사항 역시 2일 내에 반영되므로 걱정하지 않으셔도 됩니다.

네이버 인물검색 등록 신청 결과

가장 중요한 것은 '신분증 사본'과 '프로필 사진', 그리고 여러분이 공식적으로 발표한 '앨범 정보'가 필요합니다. 모두 빠짐없이 준비하고, 음악활동과 관련된 각종 수상 정보 등이 있으면 추가적으로 준비하시면 됩니다. 직업 분류상 '가수'로 등록해야 승인을 받습니다. 첫 기본 정보를 넣는 화면에는 아래와 같이 인스타그램, 유튜브 등 URL을 넣는 란이 있기 때문에 잊지 않고 넣어 주시면 되겠습니다. 생년월일, 신체 사이즈, 혈액형 등 다소 민감하다 여겨지는 개인정보들은 보이지 않게 신청할 수도 있으니 참고하시기 바랍니다.

네이버 인물정보 수정 신청

등록이 완료되면 잘못된 정보가 없는지 반드시 확인해야 하며, 프로필 사진의 경우 앨범 유통 계약 시 사용했던 사진을 사용해도 무방합니다. 그런데 엄연히 뮤지션으로 등록하는 것이므로, 오래된 사진이나 알아보기 힘든 사진

이면 새 것으로 갱신하는 것이 좋습니다. 마지막으로, 검색창에 여러분의 이름과 가수명을 치면 올바르게 조회되는지도 살펴봐야 합니다. 연관 검색 자료에 혹시나 민감한 내용이 있거나 지워야 할 사항들이 있다면 꼭 잊지 말고 지워 두십시오.

② 포트폴리오 작성과 관리

여러분이 음악 페스티벌과 공모전을 준비할 때, 또는 소속사에 데모 (demo) 곡을 보낼 때 그동안 어떤 앨범을 내고, 활동을 해 왔는지를 정리한 포트폴리오(Portfolio)를 요청하는 경우가 있습니다. 앞서 포털사이트 프로필을 통해서도 작품 정보와 이력을 확인할 수 있지만, 파워포인트나 워드 파일로 정리된 자료를 제시하면 좀 더 신뢰도를 높일 수 있습니다.

다시 말해, 포트폴리오는 뮤지션 정보와 음악 활동을 알아보기 쉽게 정리한 경력증명서 같은 개념입니다. 예전에는 클리어 파일과 인쇄물로 준비하였으나, 요즘은 파일 형태로 준비한 뒤 메일로 전송하는 경우가 많습니다.

뮤지션을 위한 특별한 포트폴리오 양식이 있는 것은 아닙니다. 필요한 정보만 잘 담겨 있다면, 한 눈에 알아볼 수 있고 독창적인 것이 좋겠지요. 아래는 포트폴리오 작성 예시입니다. 분량은 크게 상관 없지만 되도록 1~2페이지 내에서 가독성 있게 꾸미도록 합시다.

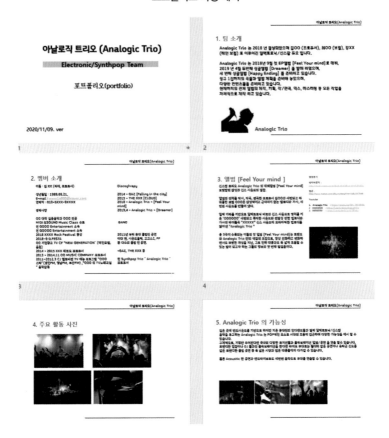

6. 음악 저작권과 저작인접권 관리

끝으로 음원 사이트를 통해 음원이 유통되고 있다면, 저작권에 대해 살펴봐야 합니다. 음원 수익의 분배 구조에서도 설명드렸지만, 창작자라면 누구나 저작권에 관심이 있기 마련입니다. 평소 저작권에 관심이 없었더라도 앨범을 내면 자연스레 본인 창작물의 저작권이 어떻게 되는지 생각해 보게 되지요. 법률 용어가 있어 생소할 수 있지만, 아래의 개념 정도는 꼭 알고 있으면서 관리하는 것이 좋습니다.

① 저작권과 저작인접권의 이해

음악 저작권자와 저작인접권자

* **음악 저작권자**: 작곡가, 작사가, 편곡자
* **음악 저작인접권자**: 실연자(가수, 연주자), 음반제작자

먼저 저작권과 저작인접권이 무엇인지 구분해서 설명드리겠습니다. '저작권'이란 창작물을 만든 노력과 가치를 인정하여 법적 권리를 가지는 것을 말합니다. 음반을 제작할 때 작곡가, 작사가, 편곡자가 음악 저작권을 갖지요.

그런데 작사가나 작곡가 외에도 가수와 음반제작자에게 주어지는 권리인 **'저작인접권'**이 있습니다. 저작인접권은 작곡과 작사를 한 것은 아니지만, 노래를 부르거나, 악기를 연주하거나, 녹음 수단을 이용해 음반을 제작한 분들에게 주어지는 권리를 뜻합니다.

다시 말해, 하나의 음반에는 곡을 직접 만든 작품자(작사, 작곡, 편곡가)와 실연자(가수, 연주자 등), 음반제작자, 이렇게 세 가지 부류의 권리자가 있는 것입니다.

② 저작권, 저작인접권의 관리

원칙적으로 누군가 여러분의 음악을 영리 목적으로 쓴다면, 저작권자와 저작인접권자 모두에게 허락을 받아야 합니다. 그런데 음원을 사용하는 입장에서 그 많은 사람들을 찾아가 허락을 받는다는 건 매우 비효율적입니다. 저작권자의 입장에서도 그때그때마다 연락을 받으면 매우 피곤할 것입니다.

이런 이유로 음악 저작물은 개인이 아니라, 문화체육관광부로부터 허가 받은 저작권 신탁관리단체들이 위탁받아 관리해 주고 있습니다. 즉 개인이 아니라 이런 단체들이 저작권을 보호해 주고 있는 것입니다. 대표적으로 아래 네 곳의 저작권 신탁관리단체들이 있습니다.

음악 저작권 신탁관리단체

한국음악저작권협회
- 대상: 작곡가, 작사가
- 가입비: 18만 원
- 사이트: https://www.komca.or.kr

함께하는음악저작인협회
- 대상: 작곡가, 작사가
- 가입비: 10만 원
- 사이트: http://www.koscap.or.kr

한국음악실연자연합회
- 대상: 가수, 연주자
- 가입비: 무료
- 사이트: http://www.fkmp.kr

한국음반산업협회
- 대상: 음반제작자
- 가입비: 무료
- 사이트: http://www.riak.or.kr

따라서 여러분도 앨범을 발매했으면 위 단체들을 통해 저작권을 등록할 수 있습니다. 저작권의 보호기간은 저작자의 생존 기간과 사망 후 70년간이며, 저작인접권도 음악저작물에 대해 실연을 했을 때나 맨 처음 그 음반을 발표한 직후부터 똑같이 70년입니다.

③ 저작권 등록 방법

저작권 관련 협회에 가입하면 유통사에서 받는 음원 수익과 별도로 소정의 저작권료를 정산받을 수 있습니다. 공연, 라디오, TV, 유튜브 등에서 여러분의 음악을 사용하였을 때 그 내역을 협회에서 보내 주고 저작권료를 받으실 수 있는 것입니다.

협회 가입은 온라인으로도 가능하며, 음원 유통 후에 각 단체에서 요구하는 신탁계약신청서와 등본, 사진, 통장사본, 음원 파일 등을 제출하시면 됩니다. 그런데 한국음악저작권협회와 함께하는 음악저작인협회의 경우, 가입비가 결코 싼 편이 아닙니다. 따라서 전문적으로 음악 하는 분들이 아니면 조금 부담이 될 수도 있습니다.

유통 과정에서도 설명드렸듯이 디지털 음원을 등록하면, 서비스 사와 유통사가 음원 수익 70% 이상을 가져가기 때문에 저작권자가 가져갈 몫이 그리 크지 않습니다. 한 가지 조언 드리면, **'한국음악실연자연합회'**는 가입비가 무료이므로 필히 가입하실 것을 추천드립니다. 앨범을 제작할 때 작곡은 하지 않았지만, 가사를 쓰고 노래나 랩을 하였다면 실연자연합회 정도만 가입해도 무방합니다.

또한, 한국실연자연합회의 경우 최초 가입 시 저작인접권 위탁 증서와 함께 멤버십 카드를 우편으로 받을 수 있으니 참고하십시오. 앨범 발매 이후 공신력 있는 협회에서 음악인으로 인정 받고, 저작인접권료를 대신 징수해서 지급해준다는 사실만으로도 뿌듯함을 두 배로 느끼실 수 있을 것입니다.

저작인접권 위탁 증서, 멤버십 카드

"믹싱, 마스터링 하실 때 이런 것들이 중요해요."

*본 인터뷰는 사전에 동의를 얻어 실제 인터뷰 한 내용을 바탕으로 작성되었습니다. 소속, 이름 등 민감한 내용은 비워 두었습니다.

1. 간단한 자기소개 부탁드립니다.

안녕하세요. 인디밴드 The ○○○에서 베이스를 담당하고 있는 박●●입니다. 실용 음악과 음향을 전공했으며, 현재는 작곡, 편곡, 엔지니어링 등 음악과 사운드에 관련한 대부분의 일들을 하고 있습니다.

2. 구체적으로 어떤 음악을 하고 계신가요? 앨범 발매 경험은?

인디밴드에서 신스락(Synth Rock) 장르를 하고 있으며 음악을 시작한 지는 15년 정도 되었습니다. 대중 음악으로 처음 작곡한 곡이 2011년도에 나왔으며, 지금까지 다수의 작곡, 편곡, 작사를 하며 앨범을 발매했습니다.

3. 믹싱, 마스터링을 외부 엔지니어에게 의뢰해 본 경험이 있나요?

네. 다수 있습니다. 그리고 직업상 제가 거꾸로 의뢰를 받은 적도 있습니다.

4. 맡길 때 어떤 점에 유의해야 할까요? 개인적인 경험담 부탁드립니다.

본인의 의도와 엔지니어의 의도가 전혀 다를 수 있음을 인지하고 있는 게 좋습니다. 처음 접하는 분들은 "너무 맘에 든다."의 경우도 있지만, "왜 소리가 이상해졌지?" 하는 경우도 많이 있기 때문입니다. 머릿속에 그려 놓은 이미지와 믹스 결과물이 일치하지 않는 것이지요. 이런 경우 엔지니어에게 자신의 의도를 잘 전달할 수 있게 레퍼런스가 될 만한 곡을 찾아 구체적으로 설명해 주는 것이 필요합니다. 또한 바로 판단하지 못하겠으면 긴 시간 곡을 들어보고 수정 방향을 결정하는 것이 좋습니다.

5. 믹싱, 마스터링 엔지니어를 찾을 때 어떤 경로로 어떻게 찾으셨나요?
비용이 어느정도 였으며 피드백은 어떻게 진행하셨는지 궁금합니다.

보통 지인을 통해 소개받거나 회사를 통해 의뢰했습니다. 아무래도 음악활동을 오래하다 보니 인맥이 좀 있어서 가능했던 것 같네요. 저 같은 경우 믹싱을 어느 정도 할 수 있어서 의뢰를 맡길 때, 직접 작업한 가믹스 곡과 레퍼런스 곡을 함께 보내 드리는 편입니다.

비전문가의 경우 본인이 생각하는 분위기와 뉘앙스를 엔지니어가 알 수 있게 요구사항을 상세히 정리한 뒤, 레퍼런스 곡을 찾아서 보내 주시면 될 것 같습니다. 비용은 엔지니어마다 천차만별입니다. 얼마 전 진행한 곡은 믹싱에 40만 원 이상도 있었고 마스터링은 15~25만 원 정도 들었습니다.

믹스에 대한 피드백은 엔지니어가 잘못 캐치한 '악기 간의 밸런스 수정'에 중점을 두는 편입니다. 보통 비대면으로 1차 결과물을 받고, 하루 정도 시간을 내어 엔지니어와 직접 만나 작업을 끝냅니다. 마스터링은 가급적 엔지니어를 직접 만나 작업하고, 사운드가 찢어지지 않는지, 톤이 괜찮은지, 또 음압이 다른 곡들에 비해 너무 작지 않은지 등을 체크합니다.

6. 녹음과 믹싱, 마스터링 각 단계에서 놓치지 말아야 할 점이 있다면 어떤 것이 있을까요?

우선 녹음이 잘되야 합니다. 당연한 얘기이지만 녹음의 질이 떨어지면 믹싱으로 메꾸기 참 힘들거든요. 자기가 할 수 있는 최대치를 해 놓는 게 가장 중요합니다. 믹싱을 할 때는 보컬과 악기 간의 '밸런스'와 '공간의 조화'가 중요한 것 같습니다. 마스터링에서는 다른 곡들과 비교했을 때 음량, 음압이 떨어지지 않는지 확인하는 게 가장 중요한 부분인 것 같네요.

7. 처음 믹싱, 마스터링을 의뢰하는 일반인 분들에게 해 주고 싶은 조언이 있다면?

가장 중요한 점은 '믹싱과 마스터링에 대한 이해'인 것 같습니다. 처음 접하면 모든 것이 낯설고 어렵게만 느껴지거든요. 대부분 믹싱과 마스터링을 하면 곡이 확연히 좋아진다고 생각합니다. 어느정도 맞는 말이지만, 간혹 망가진 소리까지 믹스로 살릴 수 있다고 알고 계시는 분들도 있습니다.

쉽게 빗대어 표현해 보겠습니다. 사람의 얼굴을 꾸미는 방법이 '성형'과 '화장'이라면, 믹스는 '성형'보다 '화장'에 가깝다고 말씀드리고 싶습니다. 레코딩된 사운드 자체를 완전히 바꾸는 경우도 있지만, 정말 이런 경우는 드물거든요. 믹싱은 좀 더 듣기 좋게 화사하게 분칠해 주고 섞어 주는 정도로만 생각하시면 될 것 같습니다.

다음으로 마스터링은 음압을 올려주는 대신에 아름답게 믹스된 음원을 망가뜨리는 작업이기도 합니다. 과도한 볼륨은 음원에 손실이 많이 생길 수 있습니다. 이 점 꼭 명심해야 하겠습니다.

[부록]

애니메이션 뮤직비디오 제작기

2020년 11월 발매한 《자화상(Self-portrait)》 EP 앨범의 타이틀곡 〈버킷리스트〉(remix)의 뮤직비디오 제작기입니다. 이 영상은 총 5주간 제작되었으며, 영상물 등급 심의를 거쳐 디지털 온라인 앨범과 함께 유통되었습니다. 제작 순서와 함께 에피소드를 남겨 드리니, 애니메이션 뮤직비디오 제작에 관심이 있는 분들은 참고하시면 되겠습니다.

1. 뮤직비디오 제작 의뢰

애니메이션 뮤직비디오 제작을 결심한 시점은 앨범 유통 계약을 하기 두 달 전이었습니다. 이미 마스터링을 끝낸 음원(mp3, wav) 파일이 나온 뒤였으며, 애니메이터를 섭외하고 곧바로 제작 의뢰를 하였습니다. 〈버킷리스트〉(remix) MV를 제작해 주신 분은 다른 아티스트의 앨범 크레딧(credit)을 통해 알게 되었습니다. 직접 인스타그램 DM과 이메일로 제작 콘셉트와 음원 파일, 가사를 보내드린 뒤 작업에 착수하였습니다. 제작 의뢰를 할 때 참고할 뮤직비디오 두 가지를 찾아서 안내해 드렸으며, 약 2주 후 콘티를 보내 주셨습니다.

2. 제작 콘티 검토

제작 콘티는 아래와 같이 스토리보드에 스케치하여 보내 주셨습니다. 러닝 타임이 약 3분인 곡인데, 각각의 구간에 담길 내용들을 스케치 해 주셔서 피드백을 해 드리기에 무척 수월했습니다. 애니메이션 뮤직비디오의 장점 중 하나는, 노래 가사에 담을 수 없는 디테일한 내용들을 생동감 있게 표현해 줄 수 있다는 점입니다. 그림으로 표현한 것도 신선했고, 디테일을 살리기 위해 여러 사진들을 작가님께 보내 드린 기억이 납니다.

MV 제작 스케치

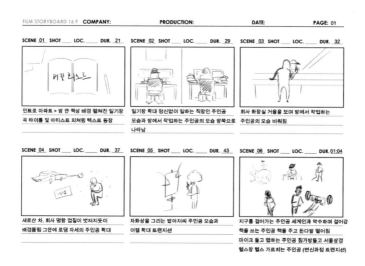

3. 영상물 등급 심의 신청

　뮤직비디오 최종본을 받은 다음에는 유통사에 보내기 위해 영상물 등급 심의를 신청 하였습니다. 처음에는 영상물등급위원회(www.kmrb.or.kr)에 직접 신청하려 했으나, 심의 기간이 약 2주 정도 소요된다 하여 엠넷(Mnet)에 등급 심의를 받았습니다. 영상물 등급 심의 신청서, 심의용 영상 파일, 음원 파일을 보낸 뒤 약 3일간 심의를 거쳐 '전체관람가' 등급을 받았습니다.

4. 티저 영상

　앨범 발매일이 확정된 이후에 앨범 홍보를 위해 티저(Teaser) 영상을 제작하였습니다. 훅(Hook) 부분이 실린 11초의 짧은 티저 영상이었으며, 뮤직비디오와 연계하여 제작되었습니다. 이렇게 제작한 티저는 앨범 발매 7일 전에 홍보를 하는 데 쓰였습니다.

티저 영상

5. 뮤직비디오 유통

최종 뮤직비디오는 유통사 뮤즈플랫폼을 통해 배포되었습니다. 앨범 발매일에 맞춰 멜론, 지니 뮤직 등 각종 음원 서비스사에 연관 콘텐츠로 실렸습니다.

음원 서비스사에 실린 뮤직비디오

위와 같이 음원 서비스사 외에도 인스타그램 IGTV와 유튜브 채널을 이용해 뮤직비디오를 홍보하였으며, 제작해 주신 애니메이터님께도 다시 한번 감

사 인사를 드렸습니다. 애니메이션 MV 제작을 통해 느낀 점은 확실히 음원에서 전달하고자 하는 가사와 메시지가 좀 더 의미 있게 전달될 수 있다는 점이었으며, 아티스트가 직접 출연해서 찍는 영상보다는 제한사항이 적었다는 점입니다.

처음 제작해 보았지만 스토리텔링이 중심이 되는 곡의 경우 이러한 애니메이션 형태의 뮤직비디오로 제작하는 것도 나쁘지 않은 선택임을 느낄 수 있는 시간이었습니다.

에필로그

당신이 정말로 읽고 싶은 책이 있는데,

아직 그런 책이 없다면,

당신이 직접 쓰면 된다.

흑인 여성 최초로 1993년 《재즈》를 통해 노벨문학상을 받은 미국의 소설가, 토니 모리슨(Toni Morrison)이 한 말입니다. 이 책을 처음 쓰기 시작할 때는 정말 그런 마음뿐이었습니다. 머리 속에 있던 내용을 정리하고 싶었고, 내가 알고 있는 지식이 누군가에게 보탬이 되면 좋겠다는 생각이었습니다.

처음에는 100페이지 분량이면 되겠거니 생각했으나 그렇지 않았습니다. 모든 부분을 안다고 생각했지만 모르는 부분도 많았고, 잘못 알고 있던 부분도 있었습니다. 몇 개월간 글을 쓰며 알고 있는 내용도 한 번 더 찾아보게 되고, 여러 사람의 자문도 구했습니다.

처음에는 '왜 이런 책이 없을까? 누구나 앨범을 낼 수 있게 해 봐야겠다.'라는 생각이었지만, 글을 마친 뒤에는 '책을 읽고 몇 가지라도 보탬이 된다면 그것만으로 감사한 일이다.'라는 생각을 갖게 되었습니다.

원고를 쓴 뒤, 처음 취지에 맞게 음악 전문 지식이 없는 일반인들을 상대로 피드백을 받는 것도 잊지 않았습니다. 이해하기 어려운 내용이 없는지, 상세히 설명해 주었으면 하는 부분은 없는지 살펴보기 위함이었습니다. 그 분들의 의견을 반영해 몇 번의 탈고를 거쳤고, 가급적 필요한 내용만 담는 데 매진했습니다.

책 한 권을 읽고 디지털 앨범 발매에 도전한다면 분명히 많은 시행착오가 따를 것입니다. 모든 일이 그렇듯이 한 번도 해 보지 않은 일 앞에서는 서툴기 마련입니다. 다행히 앨범 발매와 관련된 교육과 콘텐츠들이 생기는 추세라, 다양한 경로를 통해 도움 받으실 수 있을 것으로 판단됩니다. 앨범 기획 단계부터 발매까지 모든 사항을 코칭해 준다면 좋겠지만, 쉽지 않은 일이므로 간단한 문의사항 정도는 연락 주시면 도움 드리도록 하겠습니다.

책을 쓰며 도움을 준 분들이 있습니다. 처음 음악 하는 사람의 입장에서 어떤 부분에 초점을 맞추어야 할지 아이디어를 준 박준영 군과 조경성 군에게 감사의 뜻을 전하고 싶습니다. 이들은 15년 이상 알고 지낸 사이이기도 하고, 현재까지도 음악 활동을 하고 있는 친구들이기에 많은 도움이 되었습니다.

또한, 이 책이 세상에 나올 수 있도록 도와주신 좋은땅 출판사 모든 분들께도 감사의 뜻을 전해 드립니다. 책을 준비하는 과정에서 많은 조언과 도움을 주셨습니다. 끝으로 늘 곁에서 변함없이 제가 하는 모든 일을 믿어 주고 격려해 준 아내 지영이에게 감사의 뜻을 전합니다.

김 대리,
칼퇴하고
앨범내다

ⓒ 황형서, 2021

초판 1쇄 발행 2021년 1월 15일

지은이   황형서
펴낸이   이기봉
편집   좋은땅 편집팀
펴낸곳   도서출판 좋은땅
주소   서울 마포구 성지길 25 보광빌딩 2층
전화   02)374-8616~7
팩스   02)374-8614
이메일   gworldbook@naver.com
홈페이지   www.g-world.co.kr

ISBN   979-11-6649-203-7 (03680)

이 도서의 국립중앙도서관 출판예정도서목록(CIP)은 서지정보유통지원시스템 홈페이지(http://seoji.nl.go.kr)와 국가자료공동목록시스템(http://www.nl.go.kr/kolisnet)에서 이용하실 수 있습니다. (CIP제어번호 : CIP2020055164)